Q&A
改正民事執行法の実務

弁護士が知っておくべき改正のポイント

東京弁護士会法友会［編］

ぎょうせい

はしがき

法友会は、東京弁護士会に所属する弁護士によって構成された一会派として昭和21年12月14日に創立されており、現在は約2,800名の会員数を擁しています。

今般、法友会から、「Q&A　改正民事執行法の実務　弁護士が知っておくべき改正のポイント」を出版することとなりました。

民事執行法は、強制執行、競売、債務者の財産開示に関する法律であり、勝訴判決等を得た債権者の権利を実現するための手続きを定める重要な法律です。

かかる民事執行法は、昭和54年に制定された後、平成15年及び平成16年に全般的な見直しが行われましたが、民事執行制度をめぐる最近の情勢は変化を続けています。

今回の改正は、「民事執行法及び国際的な子の奪取の民事上の側面に関する条約の実施に関する法律の一部を改正する法律（令和元年法律第2号)」というもので、民事執行法及びハーグ条約実施法の一部を改正するものです。名称からして、最近の情勢に対応するものであることが分かります。

改正の概要は、債務者の財産状況の調査に関する制度の実効性を向上させ、不動産競売における暴力団員の買受けを防止し、国内の子の引渡し及び国際的な子の返還の強制執行に関する規律を明確化しているほか、差押禁止債権の範囲変更等の債務者保護の規律も設けられています。

強制執行の場面は、当事者にとって切実な問題が生じるがゆえに、複雑で技術的な手続きとなっています。手続きを理解するためには、改正された法律だけでなく、それに伴って改正された民事執行規則（令和元年11月27日「民事執行規則等の一部を改正する規則」）の理解も重要です。

本書は、改正民事執行規則の内容をいち早く取り込んで解説している点が特筆すべき点であり、より充実した内容となっています。

本書が弁護士のみならず多くの実務家によって最新の解説書として活用され、皆様の一助になれば幸甚です。

本書の迅速な出版のために多大なご尽力をいただいた株式会社ぎょうせいの担当者には心より御礼申し上げます。また、本書の執筆を担当された法友会会員の皆様にも感謝申し上げます。

2020（令和2）年1月

2019（令和元）年度法友会幹事長

鈴木　善和

発刊にあたって

本書は、2019（令和元）年度の法友会業務改革委員会において企画し、出版部会を設置して執筆者を募り、複数回の編集会議を経て、発刊されたものです。

出版部会の部会長は、民事執行法改正に造詣が深く、法友会副幹事長である鶴巻暁先生にお引き受けいただき、出版部会をまとめていただきました。

法友会の業務改革委員会では、本書のような専門書の発刊のほか、法友会の会員弁護士の業務に役立つ研修、他士業や他業種の方々との交流等、会員弁護士の業務改革、業務改善に役立つ各種企画を立案、実施しています。

今般、令和元年5月10日に民事執行法及び国際的な子の奪取の民事上の側面に関する条約の実施に関する法律の一部を改正する法律（令和元年法律第2号）が成立し、同月17日に公布されました。改正法では、民事執行制度をめぐる最近の情勢に対応するために様々な改正が行われています。

我々弁護士として、改正法を研究しておくことは、日常の業務を行う上で必須のことです。

そこで、業務改革委員会は、改正法だけでなく、いちはやく改正民事執行規則も解説し、かつ、分かりやすく理解しやすいよう、Q&A方式による書籍を企画し、本書の発刊に至りました。

本書が、法律実務家をはじめ、様々な方々に少しでもお役に立てることを願っています。

2020（令和2）年1月

2019（令和元）年度法友会業務改革委員長

園部　洋士

凡　例

1　法令名略語

本文中の法令名は基本的に正式名称で記したが、本文（　）内の法令名は次に掲げる略語を用いた。

新　法	民事執行法（令和元年法律第２号で改正されたもの）
旧　法	民事執行法（令和元年法律第２号で改正された前のもの）
民執法	民事執行法（令和元年法律第２号で改正されないもの）
新規則	民事執行規則（令和元年最高裁判所規則第５号で改正されたもの）
旧規則	民事執行規則（令和元年最高裁判所規則第５号で改正された前のもの）
民執規	民事執行規則（令和元年最高裁判所規則第５号で改正されないもの）
ハーグ条約実施法	国際的な子の奪取の民事上の側面に関する条約の実施に関する法律（平成25年法律第48号）

2　法制審議会資料関係

部会資料	法制審議会民事執行法部会　部会資料
中間試案	民事執行法の改正に関する中間試案（平成29年９月８日）
中間試案補足説明	民事執行法の改正に関する中間試案に関する補足説明（平成29年９月８日）

3　裁判例

裁判例を示す場合、「判決」→「判」、「決定」→「決」と略した。また、裁判所の表示・判例の出典については、次のア、イに掲げる略語を用いた。

ア　裁判所名略語

最（最大）	最高裁判所（最高裁判所大法廷）
○○高	○○高等裁判所
○○地	○○地方裁判所

イ　判例集出典略語

民　録	大審院民事判決録
民　集	最高裁判所民事判例集
家　月	家庭裁判月報
判　時	判例時報
金　法	金融法務事情

執筆者一覧

第1章

◎鶴巻　暁

石原　遼太　　藤田　泰史

第2章

◎木下　貴博

伊伏　康典　　帷子　翔太　　金山　裕亮　　小倉　佳乃

小西　　徹　　佐藤　孝丞　　吉村　和貴

第3章

◎大野　徹也

荒井　隆男　　山根　航太　　依田　竜典

第4章

◎松野 絵里子

稲村　晃伸　　高砂　太郎　　田中　良幸　　寺澤　春香

萩生田　彩　　藤川　慎吾　　本多　基記

第5章

◎箭内　隆道　◎荒井　隆男

青木　和久　　遠藤　啓之　　尾形　達彦　　田伏 いづみ

（◎印は各章のリーダー。執筆者は50音順。）

目　次

第３章　不動産競売における暴力団員の買受け防止

第４章　子の引渡しに関する強制執行

第5章　債権執行事件の終了と差押禁止債権の見直し

資料編　民事執行法新旧対照表

第1章

民事執行法改正のポイント

Q&A

1 改正された理由

Q1 **今回の民事執行法の改正は、どのような要請により行われたのでしょうか。**

ポイント

1 平成15年改正で創設された財産開示手続の実効性が十分でなく、利用件数もそれほど多いとはいえない実情にあるとの指摘に応えるべく制度の全面的な見直しをすることとなりました。

2 民事執行法による不動産競売における暴力団排除の取り組みの一環として、暴力団の買受けそれ自体を防止することとしました。

3 子の引渡しを命ずる裁判の実効性の確保のため、子の引渡しの強制執行に関する規律を明文化するとともに、国際的な子の返還の強制執行についても国内と同様の観点から規律を整備することとなりました。

4 差押禁止債権の範囲変更の制度の活用を促すとともに、債権者が債権執行事件を長期間漫然と放置し続ける場合に事件を終了させる仕組みを導入することとなりました。

A

1 債務者財産の開示制度の実効性の向上

民事執行の実効性を向上させるための方策として、平成15年の民事執行法改正により財産開示手続が創設され、平成16年4月1日から同手続の運用が開始されました。この制度の創設に当たっては、債務者のプライバシーや営業秘密等の保護の観点や、実際にも弁済のための十分な財産を有しない債務者に対し無用の心理的負担をかけることになるのではないか、一部の悪質な貸金業者によって債権取立ての手段として濫用されるのではないかといった懸念から、債務者の不出頭や虚偽陳述に対する制裁を罰則ではなく過料とするなど、謙抑的な制度設計がなされました。

ところが、実際に運用してみると、謙抑的な制度設計であったためか、当初の予想に反しそれほど利用されてこなかったことが明らかとなりました。平成28年12月16日に開催された法制審議会民事執行法部会（以下、「部会」といいます。）第2回会議において示された部会資料「債務者財産の開示制度の実効性の向上に関する検討」によれば、財産開示手続の利用実績は年間1000件前後と低調で、既済事件のうち財産開示がされた件数は平成27年には34.8%しかありませんでした。このような状況に対して、情報開示制度としての実効性が必ずしも十分でなく、利用件数もそれほど多いとはいえない実情にあるとして、司法制度の信頼そのものを確保すべく、この制度の在り方を見直す必要があるとの指摘がなされてきました。

こうした状況を踏まえ、債務者財産に関する開示制度の実効性の向上の観点から、現行の財産開示手続制度をより利用しやすく強力な制度とする方向で全般的な見直しをすることとなりました。

2 不動産競売における暴力団員の買受け防止の方策

近年、公共事業や企業活動等からの暴力団排除の取組が官民を挙げて行われており、不動産取引の分野においても様々な措置が講じられてきました。指定暴力団員等が国及び地方公共団体による売買等の契約に係る入札に参加できないようになっただけでなく（暴力団員による不当な行為の防止等に関する法律32条1項）、民間の不動産取引についても、暴力団排除条項が契約書に設けられるようになりました。

他方で、現行の民事執行法には、ただ暴力団員であることのみを理由として不動産の買受けを制限する規律は設けられていませんでした。そのため、現行制度下においては、暴力団が不動産競売において建物を買い受けて暴力団事務所として利用したり（部会第3回会議において、警察庁の奥田関係官は、平成25年12月末時点で各都道府県警察において把握していた全国の暴力団事務所のうち、全体の約9.1%に当たる約210か所が競売または公売を通じて取得されていたと発言しました（部会第3回議事録28頁))、その転売により高額な利益を得たりすることができていました。こうした事例などがあることに対して厳しい批判が向けられており、政府も「世界一安全な日本」創造戦略（平成25年12月10日閣議決定）において「不動産競売・公売への暴力団の参加防止等の方策について検討する」ことを表明するに至りました。

このような暴力団排除の流れの一環として、暴力団への不動産の供給源を断つという公益的な要請に応える観点から、競売手続を妨げる行為等の有無にかかわらず暴力団員の買受けそれ自体を防止する方策を民事執行法に盛り込むこととなりました。

3　子の引渡しの強制執行に関する規定の明確化及び見直し

民事執行法には、子の引渡しの強制執行に関する明文の規定がないため、現在の裁判実務は、子の引渡しを求める請求権が機能的・実質的には動産の引渡しに類似する性質を有しているとの考え方に基づいて、動産の引渡しに関する規定（旧法169条1項）を類推適用してこれに対応してきましたが、子の福祉に十分な配慮をする等の観点から、明確な規律を整備すべきであるとの指摘がされてきました。

また、平成25年にハーグ条約実施法が成立し、国際的な子の返還に関する強制執行の規定が整備されました。そのため、国内における子の引渡しの強制執行についても、明確な規律を整備する必要性が意識されるようになってきました。

以上のような指摘を踏まえ、子の引渡しを命ずる裁判の実効性を確保しつつ、子の福祉に十分な配慮をするべく、民事執行法に子の引渡しの強制執行に関する規律を明文で設けることとされました。また、これに合わせる形で、ハーグ条約実施法についても改正がなされることになりました。

4　差押禁止債権及び債権執行事件の終了をめぐる規律の見直し

法務大臣による諮問第102号（平成28年9月）は、「民事執行手続をめぐる諸事情に鑑み、債務者財産の開示制度の実効性を向上させ、不動産競売における暴力団員の買受けを防止し、子の引渡しの強制執行に関する規律を明確化するなど、民事執行法制の見直しを行う必要があると思われるので、その要綱を示されたい。（下線引用者）」と諮問したため、上記三つの検討課題以外の課題についても必要に応じて審議の対象となることになりました。そして、実際に部会において取り上げられたのが、差押禁止債権の範囲の変更の申立て（民執法153条）の活用と、債権執行事件の終了に関する規律の新設でした。

(1)　差押禁止債権の範囲の変更の申立ての活用

差押禁止債権の範囲の変更の申立ては、差押えによる債務者の生活の困窮を防ぐため、債務者が差押命令の取消しを求める制度ですが、債務者がそもそもこの制度の存在を知らないためか、現状ではあまり活用されていません。

そこで、この制度をより利用しやすくするための方策を部会において検討することとなりました。

(2)　債権執行事件の終了に関する規律の新設

債権執行事件において、差押命令の効力が生じたにもかかわらず、差押債権が無いまたは少額であった場合に、差押債権者が取立てもせず取下書も提出しないまま放置するような事例や、差押命令を債務者に対して送達ができなかった場合に、差押債権者が再送達の申出をすることなく放置する事例が少なくない件数存在するのが実情です。

上記のような事例においては、事件が終局しないために、差押命令の効力が生じたまま残ることになります。これは、債務者が第三債務者に対する債権をもって差押債権者に対する債務の弁済に充てることができず、債務者を執行手続上何らの対抗措置もとれないまま債務を負い続けるという不安定な地位に置き続けることを意味します。また、第三債務者としても、自ら権利供託しない限り債務者に対する弁済が禁止されたまま債務を負い続けるという不安定な地位に置かれることになります。

このような状況に対しては、債務者及び第三債務者を不安定な地位に置き続ける一方で、差押命令の効力が生じている間は何十年であっても時効中断効が生じ続けることになる差押債権者と比べて均衡を欠くのではないかという指摘が裁判所からなされているところであり（部会第1回議事録24頁）、部会においても、かかる指摘に応えるべく、債権執行事件の終了をめぐる規律を見直すこととなりました。

（石原　遼太）

2 改正の経緯と概要

Q2 **民事執行法改正は、どのような経過で行われたのでしょうか。今回の民事執行法改正では、どのような制度が改正になり、また、見送られた制度はどのようなものでしょうか。**

ポイント

1　法制審議会民事執行法部会は23回開催され、その途中には中間試案に対するパブリックコメントが実施されました。

2　国際的な子の奪取の民事上の側面に関する条約の実施に関する法律についても部会で同じく調査審議が行われ、追加試案に対するパブリックコメントが実施されました。

3　改正又は新設された制度は、財産開示手続、債務者財産に関する第三者からの情報取得制度、不動産競売における暴力団員の買受防止、子の引渡しの強制執行に関する規律、債権執行事件の終了をめぐる規律、差押禁止債権をめぐる規律です。

4　見送られた制度には不動産競売における暴力団員等の買受防止策としての保証の不返還などがあります。

A

1　議論の経過

法制審議会民事執行法部会は、23回開催されました。パブリックコメントの実施や、ハーグ条約実施法に基づく国際的な子の返還の強制執行に関する規律に関し、子の福祉の観点から専門家2名を招きヒアリングを実施したことは、国民の声を受け止めるとともに、子への配慮を図るものとして評価することができます。

2　改正・新設された制度

(1)　現行の財産開示手続の見直しと第三者からの情報取得手続の新設

ア　現行の財産開示手続の見直し

今回の改正では、平成15年の民事執行法改正において新設されたものの、実効性に乏しく利用が低迷していた現行の財産開示手続について、主に手続の実施要件や手続違背に対する制裁が見直されました（本章Q1）。

具体的には、これまで財産開示手続の申立てに必要な債務名義からは仮執行宣言付判決・執行証書・支払督促などが除外されていたのを改め、改正法では、申立てに必要な債務名義の種類を拡大し、金銭債権についての強制執行の申立てに必要とされる債務名義であれば、いずれの種類の債務名義についても、これに基づく申立てが可能となりました。

また、債務者が出頭・宣誓を拒否したり陳述を拒んだり虚偽の陳述をした場合に、改正前は30万円以下の過料という軽微な制裁であったのに対し、改正法では、6月以下の懲役又は50万円以下の罰金という刑事罰に強化されました。

これらは、財産開示手続の実効性を向上させるものとして一定の評価をすることができますが、強制執行の不奏功が依然として手続要件となっているため、債権者にとって手続的な負担が変わらないものとも評価できます。本書では第２章Q1～Q4で解説しています。

イ　第三者からの債務者財産に係る情報取得手続の新設

現行の財産開示制度の見直しと並行して、今回の改正では、第三者からの債務者財産に係る情報取得手続が新設されました。同様の制度は、平成15年民事執行法改正の際にも審議されていましたが、債務者のプライバシー保護等の理由から導入が見送られるという経緯がありました。

今回の改正では、①銀行・証券会社等の金融機関からの債務者の預貯金債権や有価証券等に関する情報取得手続、②登記所から債務者の不動産に関する情報取得手続が新設されました。

また、申立債権者が養育費等請求権や生命・身体の侵害による損害賠償請求権を有する債権者である場合に限られますが、③市区町村や日本年金機構等から給与債権に関する情報取得手続も併せて新設されました。

これらの第三者からの情報取得手続の新設は、今回の民事執行法改正の目玉の一つであり、差押えの対象となる預貯金債権等の特定が債権者にとって容易となるため、債権執行をめぐる実務が大きく変化する可能性があります。もっとも、財産開示手続を前置しなければならないとされているため、債権者にとって手続的な負担が重く実効性に疑問も提起されています（平成31年4月3日衆議院法務委員会における階猛委員・合間利参考人の意見）。本書では、第2章**Q6～Q12**で解説しています。

⑵　不動産競売における暴力団員の買受防止

不動産競売における暴力団員の買受を防止する必要から（**本章Q1**）、今回の改正では、不動産の買受の申出をしようとする者に対し、暴力団員又は暴力団員でなくなった日から5年を経過しない者に該当しないこと等を陳述することを義務付け、虚偽の陳述をした者に対しては6月以下の懲役又は50万円以下の罰金という刑罰を科すこととされました。

さらに、執行裁判所は、最高価買受申出人が暴力団員等に該当するか、都道府県警察に照会しなければならず、暴力団員等に該当すると認めるときは売却不許可決定をしなければならないとしました。本書では、第3章**Q1～Q4**で解説しています。

⑶　子の引渡しの強制執行に関する規律の見直し

ア　国内における子の引渡しの強制執行に関する規律の見直し

今回の改正では、まず、現行の実務運用上、子の配慮に関する判断の主体が執行官となっていたものを執行裁判所に改め、さらに、執行裁判所及び執行官は、子の心身に有害な影響を及ぼさないように配慮しなければならないとしました。

そして、現行ハーグ条約実施法では国際的な子の返還の強制執行には間接強制の前置が要求されているのに対して、改正法では、一定の場合にのみ申立てを限定しつつも、間接強制の前置自体を不要としました。

また、執行裁判所は、子に急迫した危険があるなど審尋をすることにより強制執行の目的を達することができない事情があるなどの一定の例外を除いて、直接強制の方法による決定をする場合には、原則として債務者審尋をしなければならないとし、債務者の意見陳述の機会を確保しました。

さらに、強制執行の実効性確保の観点から、執行官において威力を用いたり警察上の援助を求めたりすることができると定められました。ただし、子に対して威力を用いることはできません。

なお、中間試案では、執行官による債務者の子の監護を解くための必要な行為は、子が債務者と共にいる場合（同時存在）でなければならないとされていました。しかし、最終的に改正法では、債権者が執行場所に出頭した場合に限りすることができるものとしつつ、子が債務者と共にいること（同時存在）は不要とされました。これは、子が親の選択を迫られ心身に悪影響を及ぼすおそれがあり、債務者が恣意的に執行の場所に立ち会わないことなどによって強制執行を容易に不能に至らせることができてしまうとの批判があったためです。

イ　国際的な子の返還の強制執行に関する規律の見直し

改正法では、国際的な子の返還の強制執行に関する規律も上記アの国内における子の引渡しの強制執行と同様の規律に見直すこととされました。

本書では、第４章Ｑ１～Ｑ13で解説しています。

⑸　債権執行事件の終了と差押禁止債権の見直し

ア　債権執行事件の終了をめぐる規律の見直し

今回の改正では、他の執行事件と比較して事件終了の規律が不明確であった債権執行事件について、その終了の局面が見直されることとなりました（本章Ｑ１）。

まず、債権者が第三債務者から差押債権を取り立てることができることとなった日（取立届を提出している場合は､最後に当該届出をした日）

から支払を受けることなく2年を経過したときには、債権者は、4週間以内に、執行裁判所に対して、第三債務者から支払を受けていない旨の届出をしなければならないものとしました。そして、債権者が期間内に届出をしないときは、執行裁判所は職権で差押命令を取り消すことができるとしました。その他、執行裁判所は、債務者に対する差押命令の送達ができない場合に、債権者に対し、相当の期間を定めて、債務者の住所等の申出をすべきことを命ずることができるとされ、債権者が申出をしない場合には、差押命令を取り消すことができるとしました。

本書では、**第5章Q1・Q2**で解説しています。

イ　差押禁止債権をめぐる規律の見直し

今回の改正では、差押禁止債権の範囲の変更の申立てに関して見直しがなされました（**本章Q1**）。

まず、給与等の差押えを受けた債務者が申立てをするための準備期間を確保するため、債権者の取立権発生までの期間を現行の1週間から4週間に伸長するとともに、裁判所書記官は、差押命令を送達するに際し、債務者に対し差押禁止債権の範囲変更の申立てができること等を教示しなければならないとして、債務者の利益に配慮しました。

本書では、**第5章Q3～Q7**で解説しています。

3　見送られた制度

⑴　財産開示手続における強制執行の不奏功要件の廃止

財産開示手続の実施要件として、先に実施した強制執行の不奏功等の要件（民執法197条1項各号）を廃止し、強制執行を開始するための一般的要件が備わっていれば足りるとするとの提案もされましたが、今回の改正では見送りとなりました。債権者にとって手続的な負担が軽減することにはならなかったものといえます。

⑵　保証の不返還

中間試案では、最高価買受申出人が、故意により暴力団員等であることに関し虚偽の陳述をし、売却不許可決定が確定したときは、執行裁判所は、買受けの申出にあたって提供した保証の返還を請求することができない旨を決定することができること等が提案されていました。

確かに、保証の不返還という制裁は、暴力団への不動産の供給源を断つという観点からは支持されうるものですが、執行裁判所に最高価買受申出人の故意を認定するための証拠を収集する手続を経ることを要求すれば競売手続の円滑性を大きく損なうおそれがあることや、虚偽陳述に対する刑事罰や現行刑法に定められた詐欺罪（刑法246条1項）や強制執行関係売却妨害罪（同法96条の4）などによって処罰される可能性もあり保証の没収まで行えば実質的に二重の制裁になりうること等から、今回の改正では見送りとなりました。

⑶　子の所在の特定

パブリックコメントでは、日弁連などから、子の所在場所を特定するための調査嘱託や調査命令の制度を新設すべきであるとの意見もありました。

この点、ハーグ条約実施法では、行政機関や地方公共団体の協力を得て子の所在を特定する制度がありますが、国内における子の引渡しの強制執行との関係では今回見送りとなりました。

⑷　給与等の差押禁止の範囲

国税徴収法に基づく差押えの場合、給与のうち一定額に満たないものについては差押えが禁止されています（国税徴収法76条1項）。しかし、民事執行法には同様の規定はなく、給与の多寡にかかわらず差押えが可能となっています。衆議院法務委員会でも、民事執行法にも国税徴収法と同様の規定を設け、債務者の生活保障のために給与の額が一定の金額に満たないときにはその全額を差押禁止とすべきであるとの意見もありましたが（平成31年4月3日衆議院法務委員会における三上理参考人の意見）、今回の改正では見送りとなりました。

（藤田　泰史）

3 施行時期と経過措置

Q3 改正された内容は、いつから施行されるのでしょうか。

ポイント

1 民事執行法及び国際的な子の奪取の民事上の側面に関する条約の実施に関する法律の一部を改正する法律（以下「改正法」といいます。）の原則施行期日は、「公布の日から起算して１年を超えない範囲内において政令で定める日」と規定されていましたが、その後の政令により、令和２年４月１日と定められました。なお、いくつか例外があります。

2 旧法による法律関係と本改正本則に定められた新法による法律関係との調整などの経過措置が定められています。

A

1 施行の意義

「施行」とは、法令の規定の効力が一般的、現実的に発動し、作用することになることをいいます（法制執務研究会編『新訂ワークブック法制執務〔第2版〕』34頁（ぎょうせい、平成30年）。

今回の改正法は、民法などの実体法上の権利義務ないし法律関係を実現するための手続のルールを変更するものです。したがって、新たなルールへの円滑な移行のために、手続の利用者となる当事者（国民）はもちろん、執行手続を担う国家機関である裁判所、また、自治体や都道府県警察など手続に関与することが新たに定められた者への周知と準備の期間を設ける必要性があります。今回の改正法で、施行時期や経過措置について一定のルールが定められたのはこのような理由によるものと考えられます。

もっとも、施行の準備等に要する期間などを立法段階で予測し、具体的な施行時期を法律で確定的に定めることは困難です。そこで、今回の改正法では、それぞれの状況に応じて上限を定めた上で、具体的な施行日については政令に委任することとしました（附則1条、5条）。

2　施行日

⑴　原則施行日

改正法の原則施行日は、「公布の日から起算して一年を超えない範囲内において政令で定める日」と定められました（附則1条柱書本文）。これは、原則として公布の日（令和元年5月17日）から1年程度の周知期間が必要との理由によるものです。なお、その後の政令により、原則施行日は令和2年4月1日と定められました。

⑵　例　外

全ての規定を一斉に施行することが望ましくない場合、一定の規定について施行時期を分けることがあります。

ア　附則20条の規定（附則１条１号）

これは、公布の日（令和元年5月17日）から施行されます。

なお、附則20条の規定は、本改正法の施行に関し必要な経過措置を政令で定めるものとする政令への委任規定です。

イ　附則16条のうち民事再生法198条１項の改正規定（附則１条２号）

これは、民法の一部を改正する法律（平成29年法律第44号）の施行の日（令和2年4月1日）から施行されます。

なお、附則16条の規定は、住宅資金特別条項における巻戻しを定める民事再生法198条1項の規定を、法定代位に関する改正民法500条の規定と調整するための改正規定です。

ウ　附則９条の規定（附則１条３号）

これは、本改正法の「施行日」又は前号に定める日のいずれか遅い日から施行されることとなっていましたが、上記のとおり、両者は同一（令和2年4月1日）です。

なお、附則9条の規定は、時効の完成猶予・更新事由を定める改正民法148条1項4号に、財産開示手続と並んで第三者からの情報取得手続を新たに追加する改正規定です。

3　適用（経過措置）

法令の「適用」とは、法令の規定が個別具体的に特定人、特定地域、特定事項について、現実に発動し作用することをいいます（前掲「ワークブック法制執務〔第2版〕37頁」。

新法は施行日から適用されるのが原則ですが、法令の改廃にあたり、既存の旧法による法律関係を考慮することなく即時に新法を適用すると、既存の法律関係に基づいて営まれてきた社会生活の安定性は大きく損なわれることになります。そこで、法律の改正にあたっては、既存の旧法による法律関係をある程度容認するための措置について定める規定を附則に置くことがあり、このような措置を経過措置といいます。

本改正法附則に定められた経過措置としては、売却の手続に関する経過措置（附則2条）、差押債権者の金銭債権の取立て等に関する経過措置（附則3条）、子の引渡しの強制執行に関する経過措置（附則4条）、第三者からの情報取得手続に関する経過措置（附則5条）、罰則に関する経過措置（附則7条）、国際的な子の奪取の民事上の側面に関する条約の実施に関する法律の一部改正に伴う経過措置（附則8条）が挙げられます。

また、附則20条には、「この附則に規定するもののほか、この法律の施行に関し必要な経過措置は、政令で定める」と定められ、本附則に定められた経過措置以外に施行に必要な経過措置については、政令へ委任されています。

（藤田　泰史）

第2章

債務者の財産開示手続

Q&A

1 財産開示手続の経緯と概要

Q1 今回、財産開示手続など債務者の財産状況を調査するための手続が改正されましたが、その経緯と概要はどのようなものでしょうか。

ポイント

1　債務者の財産を調査する制度は極めて重要ですが、今回の改正前の民事執行法には、平成15年に創設された債務者自身に財産を開示させる財産開示手続の制度があるのみで、その実効性も不十分なものでした。

2　今回の民事執行法の改正では、債務者の財産について、債務者自身に開示させる既存の財産開示手続を強化するとともに、第三者に情報を開示させる手続を新設しました。

3　財産開示手続では、申立てのできる債務名義の種類を拡大し、罰則を刑事罰としました。

4　第三者に情報を開示させる新しい手続では、不動産に関する情報を登記所に対し、給与債権に関する情報を市町村や日本年金機構等に対し、預貯金債権等についての情報を銀行等に対しそれぞれ開示を求められることになりました。

A

1　債務者財産の調査手続の改正の経緯

民事裁判の利用者は、私人間の私的紛争について第三者たる裁判所に裁定してもらうとともに、その裁定結果を強制的に実現することを求めています。もし、訴訟を提起して勝訴判決を得たとしても、その判決で認められた権利を強制的に実現することができなければ、民事裁判は意味がないものとなり、民事裁判制度に対する国民の信頼は失われてしまいます。また、国家が自力救済を禁止していることからも、実効性の高い強制執行制度の整備は国家の責務と考えられます。

金銭債権を有する債権者の強制執行の申立ては、対象となる債務者の財産を特定して行わなければなりませんが、債権者にとってその調査は容易ではありません。したがって、債務者がどのような財産を有しているのかを調査する手続は、法制度上、必要不可欠です。実際、現在の諸外国では債務者財産を調査する効果的な手続が民事執行法等において設けられていることが多いようです。

しかしながら、日本では、明治時代以降長らく、債務者財産を調査する制度が民事執行法等の強制執行制度の中に設けられておらず、法の不備ともいうべき状況が続いていました。

平成15年、ようやく日本でも、民事執行法改正により、債務者自身に債務者財産を開示させるという財産開示手続の制度が創設されました。

しかし、この平成15年改正による財産開示手続は、罰則が30万円の過料という行政処分の性質を有する秩序罰に過ぎないこと等から、実効性が不十分でした。実際、財産開示手続の申立ては年間約1000件程度に留まっていました。そもそも債務者自身からの情報収集のみでは限界があるという問題もありました。

そこで、今回の民事執行法の改正において、既存の財産開示手続が強化され、また、債権者の申立てによって第三者に債務者財産の情報を開示させる手続が新設されました。

2 債務者財産の調査手続の改正の概要

前記のとおり、今回の民事執行法の改正では、債務者の財産について、債務者自身に開示させる既存の財産開示手続を強化し、また、第三者に情報を開示させる新しい手続を創設しました。

(1) 財産開示手続の強化

債務者自身に開示させる財産開示手続については、申立要件が緩和され、罰則が強化されました。

ア　申立要件の緩和

今回の改正で、財産開示手続を申し立てることのできる債務名義の種類が拡大されました。

すなわち、本改正前の民事執行法（旧法）では、金銭債権の債務名義のうち仮執行宣言付判決、支払督促及び公正証書等では財産開示手続の申立てができませんでした（旧法197条1項柱書）。しかし、改正後は、金銭債権であれば全ての種類の債務名義で申立てができるようになりました（新法197条1項柱書）。

イ　罰則の強化

旧法では、財産開示手続期日への不出頭や、宣誓拒絶、不陳述、虚偽陳述に対し、いずれも30万円以下の過料の制裁が科されるのみでした(旧法206条1項)。過料は行政処分の性質を有する秩序罰にすぎないため、債務者において財産開示に応じないで30万円の過料を支払った方が合理的と考える余地が生じてしまうこと等により、債務者が財産開示に応じない事態が頻発していました。

そこで、新法では、刑事罰を科すことになりました。具体的には、財産開示手続期日への不出頭や、宣誓拒絶、不陳述、虚偽陳述について、いずれも、6か月以下の懲役又は50万円以下の罰金という刑事罰を科すことになりました（新法213条1項5号及び6号)。

懲役刑となれば刑事施設に拘置されます。また、刑事罰ですから、前科前歴が付くこと、特に一定の事業者は刑事罰を受けていないことが登録や資格要件になっていること等から、社会的不利益は大きいです。このように、罰則が大幅に強化されました。

ウ　財産開示手続の申立要件と実施の流れ

改正後における財産開示手続の申立要件と実施の流れは、次のとおりです。

財産開示手続の申立要件は、まず、①執行力のある債務名義の正本を有する金銭債権の債権者であること、又は債務者の財産について一般の先取特権を有することを証する文書を提出した債権者であることです

(新法197条1項、2項)。これに加えて、②執行開始要件を備えていること、③強制執行をしたが完全な弁済を得ることができなかったこと又は知れている財産に対する強制執行を実施しても完全な弁済を得られないことの疎明があったこと(強制執行の不奏功等)、④債務者が3年以内に財産開示手続において財産を開示した者でないことも必要です(新法197条1項～3項)。

財産開示手続の管轄は、債務者の普通裁判籍の所在地を管轄する地方裁判所にあります(新法196条)。

財産開示手続を実施する決定が出された場合、決定は債務者に送達され、債務者は執行抗告をすることができ、決定は確定しなければその効力を生じません(新法197条3項～5項)。

財産開示手続を実施する決定が確定したときは、執行裁判所は、財産開示期日を指定し、申立人と債務者(開示義務者。債務者が法人である場合はその代表者)を呼び出します(新法198条、199条1項)。開示義務者たる債務者は、財産開示期日に出頭し、宣誓の上、債務者の財産について陳述しなければなりません(新法199条1項、2項、7項、民事訴訟法201条1項、新規則185条1項、2項)。債務者(法人の場合はその代表者)は本人自ら出頭しなければならず、代理人として弁護士や財務責任者等を出頭させることはできません。他方、申立人は、期日に出頭して許可を得て開示義務者に対し質問することができますし、期日に出頭しないこともできます(新法199条4項)。なお、手続の管轄及び実施の流れについては、今回の改正による変更はなく従前と同様です。

開示義務者たる債務者が財産開示手続期日への不出頭や、宣誓拒絶、不陳述、虚偽陳述を行った場合、いずれも6か月以下の懲役又は50万円以下の罰金が科されます(新法213条1項5号及び6号)。また、債務者が強制執行を妨害する目的で財産の隠匿等を行った場合には、強制執行妨害目的財産損壊等罪となり、3年以下の懲役若しくは250万円以下の罰金又はこれらの併科となります(刑法96条の2。預金の払い戻しを「隠匿」にあたると判断した東京高判平成17年12月28日判タ1227

号132頁参照)。

(2) 第三者からの情報収集

新法では、債務者以外の第三者から債務者財産の情報を開示させる手続が新しく創設されました。具体的には、不動産、給与債権、預貯金債権等のそれぞれについて、第三者に情報を開示させる3つの手続が新設されました。

ア 債務者の不動産に係る情報の取得（新法205条）

債務者が所有権等の登記名義人となっている土地又は建物についての情報の開示を、登記所に対して求めることができる手続です。

本手続の申立てができる者は、財産開示手続と同様であり、執行力のある債務名義の正本を有する金銭債権の債権者、又は債務者の財産について一般の先取特権を有することを証する文書を提出した債権者です(新法205条1項)。執行開始要件を備えていることや強制執行の不奏功等の要件も必要です。

本手続は、財産開示手続が実施された場合において当該財産開示期日から3年以内に限りすることができます（新法205条2項)。すなわち、先行して債務者に対する財産開示手続が行われていることが必要です。

本手続の申立てを認容する決定が出された場合、決定は債務者に送達され、債務者は執行抗告をすることができ、決定は確定しなければその効力を生じません（新法205条3項～5項)。

イ 債務者の給与債権に係る情報の取得（新法206条）

債務者の給与債権に関する情報の開示を、市町村、日本年金機構及び共済組合等に対して求めることができる手続です。

本手続の申立てができる者は、他の手続とは異なり債権の種類が限定されており、養育費の請求権又は人の生命若しくは身体の損害による損害賠償請求権について執行力のある債務名義の正本を有する金銭債権の債権者です（新法206条1項)。このように債権の種類が限定されているのは、給与債権に係る情報は秘匿性が高いと考えられたからです。執行開始要件を備えていることや強制執行の不奏功等の要件も必要です。

本手続も、不動産に係る情報の取得手続と同様に、財産開示手続が実施された場合において当該財産開示期日から3年以内に限りすることができます（新法206条2項、205条2項）。すなわち、先行して債務者に対する財産開示手続が行われていることが必要です。

また、本手続の申立てを認容する決定が出された場合、決定は債務者に送達され、債務者は執行抗告をすることができ、決定は確定しなければその効力を生じません（新法206条2項、205条3項～5項）。

ウ　債務者の預貯金債権等に係る情報の取得（新法207条）

預貯金や株式等に関する情報の開示を、銀行等や証券保管振替機関等に対して求めることができる手続です。

本手続の申立てができる者は、財産開示手続と同様であり、執行力のある債務名義の正本を有する金銭債権の債権者、又は債務者の財産について一般の先取特権を有することを証する文書を提出した債権者です（新法207条1項、2項）。執行開始要件を備えていることや強制執行の不奏功等の要件も必要です。

本手続では、不動産や給与債権に係る情報の取得の手続とは異なり、債務者に対する財産開示手続が行われてから3年以内に限るという要件がなく、先行して財産開示手続を行う必要はありません。

また、本手続の申立てを認容する決定は、不動産や給与債権に係る情報の取得の手続の場合とは異なり、債務者に送達されず、執行抗告もできないことから、決定により直ちに効力が生じます。

このように、先に財産開示手続が行われる必要がなく、また、申立認容決定の送達が不要とされて直ちに効力が生じるとされたのは、預貯金債権等は特に流動性が高いことが考慮されたためです。

エ　管轄及び開示後の手続

これらの新設された第三者からの情報取得手続では、管轄は、原則として債務者の普通裁判籍の所在地を管轄する地方裁判所にあります（新法204条）。

申立認容決定に基づく第三者からの情報提供は、当該第三者から執行裁判所に対して書面で行われます（新法208条1項）。執行裁判所に情報提供がなされたときは、執行裁判所から申立人に対して当該書面の写しが送付され、また、債務者に対して情報提供がされた旨が通知されます（新法208条2項）。

（小西　徹）

2 財産開示手続の決定要件

Q2 **財産開示手続の開始決定の要件を教えてください。また、改正前と改正後で開始決定の要件にどのような変更がありますか。**

ポイント

1　財産開示手続の開始決定の要件は、①執行力のある債務名義の正本を有する金銭債権の債権者であること、②執行開始要件を備えていること、③強制執行の不奏功等、④債務者が３年以内に財産開示手続において財産を開示した者でないことです。

また、一般先取特権者として財産開示手続の申立てを行うこともでき、上記②〜④と同様の要件が必要です。

2　この度の改正で、財産開示手続を申立てできる債務名義の種類が拡大されました。すなわち、改正前においては、金銭債権の債務名義のうち仮執行宣言付判決、支払督促及び公正証書等では財産開示手続の申立てができませんでしたが、新法においては、金銭債権であれば全ての種類の債務名義で申立てができるようになりました。

A

1　財産開示手続の開始決定の要件

財産開示手続を申し立てることができる者は、執行力のある債務名義の正本を有する金銭債権の債権者及び一般先取特権者です。改正後において、開始決定の要件はそれぞれ次のとおりです。

⑴　執行力のある債務名義の正本を有する金銭債権の債権者が申し立てるとき

①　執行力のある債務名義の正本を有する金銭債権の債権者であること

財産開示手続も強制執行の一種ですから、財産開示手続を申し立てるには、金銭債権の単なる債権者では足りず、執行力のある債務名義の正本を有する金銭債権の債権者であることが必要です（新法197条1項柱書）。

後述のとおり、改正前は対象となる債務名義が一部除外されていましたが、新法では全ての債務名義が対象になりました。

債務名義の例としては、確定判決、仮執行宣言付判決、仮執行宣言付支払督促、確定した支払督促、執行証書（強制執行認諾文言付公正証書）、家事審判、和解調書、民事調停調書、家事調停調書、訴訟費用額確定処分などがあります（民執法22条）。

② 執行開始要件を備えていること

財産開示手続を申し立てるには、通常の強制執行と同様、執行開始要件を備えていることも必要です（民執法197条1項ただし書）。

具体的には、債務者に当該債務名義の正本又は謄本が送達されていることが必要です（民執法29条前段）。また、条件成就執行文又は承継執行文が付与された場合は同執行文の謄本及び証明文書の謄本が送達されていることも必要であり（民執法29条後段）、請求が確定期限の到来に係る場合はその期限が到来していることも必要です（民執法30条1項）。

債務者に破産手続開始決定等がなされて強制執行を開始することができない場合、財産開示手続を申し立てることはできません。

③ 強制執行の不奏功等

財産開示手続を行う必要性の観点から、財産開示手続を申し立てるには、下記のいずれかに該当することが必要です（新法197条1項）。

ア　強制執行又は担保権の実行における配当等の手続（申立ての日より6箇月以上前に終了したものを除く。）において、申立人が金銭債権の完全な弁済を得ることができなかったとき（新法197条1項1号（1号要件））。

この「配当等の手続」とは、配当（民執法84条1項）または弁済金の交付（同条2項）に限られるとの立場（限定説）と、動産執行における執行不能や不動産執行における無剰余取消し等も含まれるとの立場（非限定説）があります。東京地裁では限定説で運用がされているようです（相澤眞木・塚原聡編著「民事執行の実務〔第4版〕 債権執行編 下巻」336頁（きんざい、平成30年）参照）。限定説による場合、債権執行において転付命令を受けた場合、取立てを行っても当該金銭債権の一部の回収にとどまった場合、預金債権を差し押さえても口座が不存在あるいは残高が0円という空振りの場合などは、次の2号要件に該当します。

イ　知れている財産に対する強制執行を実施しても、申立人が当該金銭債権の完全な弁済を得られないことの疎明があったとき（新法197条1項2号（2号要件））。

実務上は、この2号要件に該当するとして申立てがされることが多いです。

2号要件では、債権者として通常行うべき調査を行った結果、知れている財産がどれだけ存在するのか、そしてそれらの財産に対する強制執行（担保権の実行）を実施しても請求債権の完全な弁済を得られないことを具体的に主張し、その疎明資料を提出します。

現在の裁判所の運用上、この疎明は困難ではなく、債務者の住所所在地の不動産登記事項証明書の提出などで足りるとしている例が多く、また、この要件を満たさないことを理由として申立てが却下された事例はほとんどない、との指摘があるようです（法制審議会民事執行部会資料6参照。なお、東京地裁が提出を求める資料は、前掲相澤・塚原337～338頁参照）。他方、できうる限りの調査を尽くす必要があると考える裁判官も少なくないとのことで、複数回の補正命令が出された例もあるようです（小栁茂秀「財産開示の実務と理論」90頁（日本加除出版、平成25年）。

④　債務者が3年以内に財産開示手続において財産を開示した者でないこと

財産開示手続の開始要件として、債務者が申立ての日前3年以内に財産開示手続においてその財産を開示した者でないことも必要です（新法

197条3項。ただし、一部の財産の非開示、新たな財産の取得、雇用関係の終了がある場合の例外があります。(同項ただし書))。

この要件は、申立ての段階においては、明示的な主張立証を要しません。裁判所内でのチェック等により、過去3年内に全部の財産を開示したことが実施決定前に裁判所に明らかになった場合に、申立てが却下されることになります。

この要件は、債務者ごとに判断されますから、他の債権者が申し立てた財産開示手続において債務者が3年以内に財産を開示していた場合でも、財産開示手続はできないこととなります。この場合には、後行する債権者は先の財産開示手続の記録を閲覧謄写することが予定されています。

(2) 一般先取特権者が申し立てるとき

① 債務者の財産について一般の先取特権を有する債権者であること

債務者の財産について一般の先取特権を有することを証する文書を提出した債権者も、財産開示手続を申し立てることができます（新法197条2項、民法306条)。

文書の種類には特段の限定がないので、公文書と私文書のいずれも可能です。

② 一般の先取特権を実行できること

一般の先取特権を実行できることも必要です。

具体的には、被担保債権の履行期が到来していることが必要です。また、債務者について破産手続開始決定等がなされた場合、財産開示手続の申立てはできません。

③ 強制執行の不奏功等（新法197条2項1号、2号)

④ 債務者が3年以内に財産開示手続において財産を開示した者でないこと（新法197条3項)

これらの要件は、執行力のある債務名義の正本を有する金銭債権の債権者の場合と同様です。

2　財産開示手続の開始決定の要件の改正点

(1)　対象となる債務名義の拡大

執行力のある債務名義の正本を有する金銭債権の債権者が財産開示手続を申し立てる場合において、改正前は、対象となる債務名義が一部除外されていましたが、改正後は、全ての種類の債務名義が対象になりました。

すなわち、改正前においては、金銭債権の債務名義のうち仮執行宣言付判決、仮執行宣言付支払督促、確定した支払督促、執行証書（強制執行認諾文言付公正証書）等は対象から除外されており、これらを有していたとしても財産開示手続を申し立てることはできませんでした（旧法197条1項柱書の括弧書）。

この除外は、暫定的な裁判所の判断である仮執行宣言付きのものを除外し、また、誤った執行がされても原状回復が容易であることを理由として金銭債権に限って債務名義性が認められている執行証書及び支払督促を除外する趣旨でした。

しかし、財産開示手続は強制執行の準備として行われるものであり、いずれの債務名義についても強制執行の内容に違いはないから、財産開示手続も全ての債務名義について認められるべきであるとの指摘がなされました。また、執行証書については、平成15年改正の際には一部の悪質な貸金業者による濫用が懸念されていましたが、平成18年の貸金業法改正により貸金業者が債務者等から執行証書の作成に関する委任状を取得することを全面的に禁止するという措置が講じられています。昨今では、離婚した夫婦間の養育費の支払を確実にするために執行証書の活用が推奨されるなど、執行証書の活用をめぐる社会状況の変化が見られます（以上、部会資料6参照）。

これらの理由で、新法においては、対象となる債務名義の制限はなくなり、金銭債権であれば全ての種類の債務名義によって財産開示手続を申し立てることができることになりました。

⑵ 改正されなかった開始要件

開始要件のうち、③強制執行不奏功等の要件及び④３年以内の再実施制限についても撤廃や変更をすべきという意見が出されて議論されましたが、今回の改正では現行のまま維持されることとなりました。

3 財産開示手続の申立てにおける関連事項

申立手数料（収入印紙）は2,000円です（民事訴訟費用に関する法律3条別表第1の11の2イ）。予納すべき郵券は執行裁判所により異なりますが、例えば東京地裁本庁の場合は合計6,000円です。

財産開示手続は、債務者の普通裁判籍の所在地を管轄する地方裁判所が執行裁判所として管轄します（新法196条）。これは専属管轄です。

財産開示期日には、債務者の他に申立人にも呼出しがなされますが、申立人が出頭しないときであっても財産開示期日における手続は実施されます（民執法198条2項、199条5項）。

（小西　徹）

3 財産開示手続実施決定確定後の進め方と変更点

Q3 **財産開示手続は実施決定がなされた後どのように進められますか。また、改正前と改正後で変更はありますか。**

ポイント

1　財産開示手続の実施決定が確定したときには（本章**Q2**参照）、執行裁判所は、財産開示期日及び財産目録提出期限を指定します（民執法198条1項及び民執規183条1項）。

2　財産開示期日における手続は非公開であり、申立人が出頭しなくても実施できます（民執法199条5項、6項）。

3　これに対して、開示義務者には期日に出頭する義務があり、財産開示期日の時点における債務者の財産について陳述する義務があります（民執法199条1項）。これらの義務に反した場合には、罰則が定められています（本章**Q4**参照）。

4　財産開示期日において、執行裁判所は、開示義務者に対して質問することができ（民執法199条3項）、申立人も債務者の財産状況を明らかにするために必要がある事項について、執行裁判所の許可を得て質問することができます（同条4項）。

5　開示義務者が財産開示期日において陳述しなければならない事項は、強制執行あるいは担保権の実行の申立をするのに必要となる事項であり（民執法199条2項、民執規184条）、原則として債務者の積極財産となります。

6　財産開示期日に関する記録に関する閲覧等の請求権者に関し、改正前は、仮執行宣言付判決、仮執行宣言付支払督促、執行証書、確定した支払督促を除いた執行力ある債務名義の正本を有する債権者とされていましたが、197条1項の改正に伴い、上記債務名義の正本を有する債権者も請求権者に含まれることとなりました。

A

1　実施決定がなされた後の財産開示手続

⑴　財産開示期日の指定

財産開示手続の実施決定が確定したときには（**本章Q2**参照）、執行裁判所は、財産開示期日を指定しなければなりません（民執法198条1項）。この際に、財産目録提出期限も併せて指定します（民執規183条1項）。

東京地裁民事執行センターにおいては、実施決定が確定した場合、1か月ほど後の日が財産開示期日として指定されますが、財産開示期日の約10日前の日が債務者の財産目録提出期限と指定されます（同ホームページ参照）。

なお、財産目録提出後は、債務者の同意がない限り、財産開示手続の申立てを取り下げることはできません（民執法20条、民事訴訟法261条2項及び5項）。

⑵　陳述義務

財産開示義務者（民執法198条2項2号に掲げる者）は、財産開示期日に出頭し、債務者の財産について陳述する義務を負います。これに対して、申立人は出頭する義務はありません（民執法199条5項）。

この際、執行裁判所は、開示義務者に対して民事訴訟法201条1項及び2項の準用により、宣誓をさせなければなりません。（その際、裁判所から宣誓の趣旨及び虚偽陳述等の場合に刑事罰が科されることの説明がされます（新民執規185条1項）。）そのため、法198条2項2号に掲げる開示義務者は、自ら出頭し、宣誓の上で陳述をする必要があり、これらを代理人にさせることは許されません。

⑶　執行裁判所、申立人による質問

財産開示期日において、執行裁判所は、開示義務者に対して質問することができます（民執法199条3項）。

申立人も債務者の財産状況を明らかにするために必要がある事項について、執行裁判所の許可を得て質問することができます（同条4項）が、根拠のない探索的な質問や、債権者を困惑させる質問は許可されません。

財産開示期日の円滑な実施のため、申立人から質問がある場合には、

事前に質問書を提出するべきです。

この際の質問内容については、前掲小柳・403頁に質問事項サンプルとして、以下の質問事項が挙げられており、参考になります。

ア　与振込先・電話代・光熱費の引落銀行口座
イ　インターネットバンキング・証券取引・外貨取引・金取引等金融取引の有無
ウ　子どもや家族名義も含め、債務者の計算で、預貯金・学資保険等積立型保険の有無
エ　給料以外の副収入
オ　債務者所有でない自動車・バイクを使用している場合、それは誰からどのような約束で借りているか
カ　事前提出財産目録作成後新たに取得した財産の有無
キ　ここ数年のうちに不動産又は自動車等高額動産売却の有無、有る場合、その代金使途・現在残額の有無
ク　その他、次のような財産があるか–絵画・美術工芸品・船舶・建設機械・地上権・借地権・リゾート会員権・特許権・著作権・実用新案権・商標権等
ケ　その他債務者の財産に関連する事項一切

⑷　陳述の対象となる事項

財産開示期日において陳述の対象となる事項は、強制執行あるいは担保権の実行の申立てをするのに必要となる事項であり、動産である場合には、所在場所ごとに主要な品目、数量及び価格を明示して陳述する必要があります（民執法199条2項、民執規184条）。

ただし、債務者の財産のうち、生活に欠くことのできない衣服、寝具等、一か月間の食料等（民執法131条1号又は2号）は、陳述の対象にはなりません（民執法199条1項）。

⑸　陳述義務の一部免除

財産開示義務者は、以下のア若しくはイの場合においては、財産開示

期日において、財産全部を陳述する前まで、財産の一部を開示した上で、陳述義務の一部免除の許可を申し立てることができます（法200条1項）。

ア　申立人の同意があること

イ　当該開示によって、法197条1項の金銭債権若しくは同条2項の被担保債権の完全な弁済に支障がなくなったことが明らかであること

(6)　債務者死亡の場合

法203条においては、法41条を準用しないため、債務者が死亡し、承継執行文を得ても財産開示手続を続行することはできません。この場合、承継人たる相続人を債務者として、新たな財産開示手続の申立てが必要となります。

2　改正前と改正後の変更点

財産開示期日における手続は非公開で行われるため（民執法199条6項）、財産開示期日に関する部分の閲覧請求をすることができる者は制限されることになります（新法201条）。

改正前は、申立てに必要な債務名義の種類について、仮執行宣言付判決、仮執行宣言付支払督促、執行証書、確定した支払督促は除外されていたことから、かかる債務名義を有する債権者の閲覧請求は認められませんでした。

しかしながら、今般、法197条1項が改正され、いずれの種類の債務名義についても、財産開示手続の申立をすることができるようになった結果、閲覧請求をすることができる者についても、債務名義の種類による制限は撤廃されました。

（金山　裕亮）

4 財産開示手続の罰則

Q4 **開示義務者に財産開示手続の期日に出頭しないなどの手続違背があった場合の罰則はどのように改正されましたか。また、罰則を科す場合、どのような手続が必要となりますか。**

ポイント

1 現行の民事執行法においては、開示義務者が、出頭拒否、宣誓拒否、陳述拒否、虚偽陳述をした場合には、30万円以下の過料に処せられると定められています（旧法206条1項）。

2 今回の民事執行法改正において、同法206条1項は削除され、陳述等拒絶の罪に組み込まれることとなった結果、6月以下の懲役又は50万円以下の罰金へと改正されました（新法213条1項5号、6号）。

3 この改正により、罰則が秩序罰たる過料から、刑事罰である懲役又は罰金となったため、その手続は刑事訴訟法上の手続によることになります。罰金を完納することができない場合には労役場留置の対象となります（刑法18条1項）。

A

1 現行の民事執行法における罰則

⑴ 過料による制裁

現行法においては、①開示義務者が、正当な理由なく、執行裁判所の呼出しを受けた財産開示期日に出頭しない場合（出頭拒否）、②開示義務者が、正当な理由なく、当該財産開示期日において宣誓を拒んだ場合（宣誓拒否）、③財産開示期日において宣誓した開示義務者が、正当な理由なく陳述すべき事項について陳述をしない場合（陳述拒否）、④財産開示期日において宣誓した開示義務者が、正当な理由なく陳述すべき事項について虚偽の陳述をした場合（虚偽陳述）には、30万円以下の過料に処すると定められています（旧法206条1項）。

⑵ 平成15年改正の際の議論

財産開示手続が創設された平成15年改正の際においても、過料ではなく刑事罰を科するべきであるという意見はありました。しかしながら、悪質な貸金業者によって過酷な債権取立ての手段としてこの手続きを濫用されるのではないかという懸念などから採用されず、過料にとどまったという経緯があります。

2 改正民事執行法における罰則

⑴ 改正の経緯

過料は秩序罰に過ぎず、過料金額が低いことも相俟って、開示義務者が財産開示手続に出頭せず、財産の全部又は一部を開示しなかった事件が生じることとなり、開示を強制する機能は十分とはいえませんでした。

実際、法制審議会民事執行法部会第2回会議において示された部会資料「債務者財産の開示制度の実効性の向上に関する検討」によれば、財産開示手続の申立件数は平成22年の1207件をピークに年々減少しており、平成27年における申立件数は791件、既済事件のうち財産開示がなされた割合は34.8%と低調です。

加えて、一年以下の懲役又は百万円以下の罰金に処すると定めている公示書等毀損罪（旧法204条）や、六月以下の懲役又は五十万円以下の罰金に処すると定めている陳述等拒絶の罪（旧法205条）との均衡を欠くことや、身柄拘束の制裁が用意されているアメリカやドイツなど諸外国との比較からも立法例としては不十分であるという指摘がなされていました。

また、平成18年の貸金業法改正により、貸金業者の取立行為に対する規制が強化され、悪質な貸金業者による過酷な債権取立手段として濫用されるという懸念は、財産開示制度が設けられた平成15年当時と比べて低下しているという社会状況の変化も見られました（上記部会資料には「金融庁によれば、財務局等に寄せられた貸金業者の取立行為等に対する苦情や相談のうち、無登録業者（ヤミ金）に関するものは、平成

15年度には約2万6000件あったが、平成27年度には約4000件にまで減少したとされている」との指摘があります)。

このような経緯から、財産開示制度の実効性確保という要請をうけ、懲役又は罰金という刑罰が設けられるに至りました。

⑵ 改正の内容

ア 改正は、旧法206条1項を削除し、陳述等拒絶の罪(旧法205条1項、新法213条1項)に組み込む形が採られています。

	旧法205条1項	新法213条1項
1号	変更なし	同左
2号	変更なし	同左
3号	新法4号に変更	新法65条の2 暴力団員等に該当しないこと等の陳述において虚偽の陳述をした者
4号	なし	旧法205条1項3号
5号	なし	旧法206条1項1号
6号	なし	旧法206条1項2号

イ このように、①出頭拒否、②宣誓拒否(以上、旧法206条1項1号)、③陳述拒否、④虚偽陳述(以上、旧法206条1項2号)は、陳述等拒絶の罪に組み込まれ、罰則も、「六月以下の懲役又は五十万円以下の罰金に処する」と刑事罰へと改正されることとなりました。

ウ 懲役刑が設けられた理由は、原則として金銭債務の履行を怠っている者が財産開示義務者となることを考慮すれば、罰金刑だけでは債務者に対して十分な威嚇効果が得られないという点が挙げられます。

また、懲役刑という制裁は、債務不履行それ自体に対するものではなく、執行法上の手続違反に対するものです。このような民事執行手続の妨害に対する刑事罰の例としては、上記旧法204条、205条1項のほか、刑法96条の2や破産法41条、269条などがあります。

したがって、刑事罰への改正に対する評価は、開示義務者の手続違背の違法性をどのように考えるかという点に依ることになるものと思われます。

3　必要となる手続

⑴　現行法の手続

過料（民事執行法違反事件）は、執行裁判所の管轄となっています（新法207条）。その手続は、非訟事件手続法が適用されます。

過料事件は、裁判所が職権により開始し、当事者に申立権はありません。ただし、財産開示事件の当事者が、執行裁判所に対して、債務者に対する過料の制裁を行うよう職権発動を促すことは可能です。

過料についての裁判をするにあたっては、あらかじめ検察官の意見及び当事者の陳述を聴かなければなりません（非訟事件手続法120条2項）。執行裁判所が相当と認めるときは略式手続も可能ですが（同法122条）、東京地裁民事執行センターでは略式手続を採用していません。

過料の裁判は理由を付した決定でなされ（同法120条1項）、その執行は、検察官の命令により行います（同法121条）。

⑵　改正法の手続

今回、手続違背の罰則が「六月以下の懲役又は五十万円以下の罰金に処する」と刑事罰へ改正されたことから、管轄は、地方裁判所（刑事訴訟法3条1項）及び簡易裁判所（裁判所法33条1項2号）となります。その手続は刑事訴訟法が適用されます。

したがって、罰金刑の場合、略式手続によることが可能となります（刑事訴訟法461条）。この場合、裁判所において、当事者（被疑者）に告知と聴聞の機会は与えられません。

略式命令の請求は、検察官の裁判所に対する訴訟行為であり、公訴提起と同時に、①略式命令請求書、②科刑意見書、③被疑者に異議のない旨の書面、④略式命令をするために必要があると思料する書類及び証拠物を提出します（刑事訴訟法462条2項、461条の2第1項、刑事訴訟規則288条、289条）。

略式命令を受けた者又は検察官は、その告知を受けた日から14日以内に正式裁判の請求をすることができ（刑事訴訟法465条)、この請求が適法になされた場合には、通常の公判手続が行われることになります(同法468条)。

罰金刑の裁判がなされるとその執行は、検察官の命令により行います(刑事訴訟法490条)。罰金を完納することができない者は、1日以上2年以下の期間、労役場に留置されることになります（刑法18条1項)。

（金山　裕亮）

5 不動産情報の取得可能範囲

Q5 今回の改正で新設された第三者からの情報取得手続のうち、不動産に係る情報について、対象となる第三者と取得可能な情報の範囲にはどのようなものがありますか。

ポイント

1 対象となる第三者は、法務省令で定める登記所です。
2 取得可能な情報は、債務者が所有権の登記名義人である土地又は建物その他これに準ずるものとして法務省令で定めるものに対する強制執行又は担保権の実行の申立てをするのに必要となる事項として最高裁判所規則で定めるものです。

A

1 新設された債務者の不動産に係る情報取得制度の内容

債務者の財産に係る情報の取得に関する手続（以下「第三者からの情報取得手続」といいます。）のうち、債務者の不動産に係る情報の取得に関する手続（以下「本手続」といいます。）とは、執行裁判所が、強制執行の不奏功等の要件（新法197条1項、2項）に該当するときに、債権者の申立てにより、登記所に対して債務者の不動産に関する情報の提供を命じる制度です（同法205条1項）。

2 創設の経緯

(1) 平成15年改正時の議論

債務者以外の第三者から債務者財産に関する情報を取得する制度は、平成15年の民事執行法改正の際にも制度の創設が議論されました。しかしながら、公的機関が保有する情報を本来の目的以外の目的に利用することの個人情報保護の見地からの問題などが指摘された結果、平成15年改正の際には、債務者以外の第三者から債務者財産に関する情報を取得する制度の創設は見送られました。

(2) 第三者からの不動産情報取得の必要性

今回の改正の議論においては、平成15年改正で創設された財産開示手続には一定の制度的な限界があることが認識されるに至ったことや、不動産が一般に価値の大きい財産であるとの認識を前提として、債権回収のために債務者の不動産に対する強制執行の申立てをすることが必要（重要）である場面があること、不動産に対する強制執行の申立てをするためには、債権者において強制執行の目的とする不動産を特定しなければならないとされているにもかかわらず、現状において、債権者がその特定のための調査をすることは必ずしも容易ではないことなどの意見が出され、債務者の不動産に関する情報を公的機関から取得する必要性が特に高いことが指摘されました（部会資料18–1・4頁参照）。

(3) 個人情報保護の見地からの検討

i　他方、個人情報保護の見地については、公的機関の保有する情報は、「法令に基づく場合」を除き、本来の目的以外の目的に利用することが禁止されていること（行政機関の保有する個人情報の保護に関する法律8条1項等）との関係等が指摘されました。特に、登記所における登記記録については、「何人も」登記事項証明書の交付請求をすることができるとされているものの（不動産登記法119条1項）、ある者が登記名義人となっている不動産を網羅した形で債務者の不動産に関する情報を提供することを許容しているわけではなく、このような形での情報取得の制度は不動産登記法が想定しない登記記録の利用を前提とするものであると考えられることから、その目的外利用を「法令に基づく場合」（行政機関の保有する個人情報の保護に関する法律8条1項）として許容し得るかが議論されました。

ii　一般にこの「法令に基づく場合」とは、各法令の立法目的から個人情報の利用をすることに合理性が認められる場合が想定されており、この合理性については、その情報取得の必要性が特に高く、かつ、これにより得られる利益が個人情報保護により得られる利益を上回るといえるかという観点から検討する必要があると解釈されています。

iii そこで、この解釈を前提に、「個人情報保護により得られる利益」の評価について議論したところ、公的機関からの情報取得に先行して財産開示手続の実施決定がされている場面では、債務者自身がその情報についての陳述義務を負い、債権者は財産開示期日において債務者に質問をすることができることに加え、当該手続における債務者の手続違背が罰則の対象となっているのであるから、このような場面では債務者の不動産に関する情報を債権者との関係で保護する利益が相対的に小さいとの指摘がされました（部会資料18–1・4頁以下参照）。

⑷ 手続の創設

以上のように、債務者の不動産に関する情報については、これを公的機関から取得する必要性が特に高いと考えられる一方で、債務者の個人情報保護の利益が相対的に低いと考えられることなどの指摘を踏まえた結果、今回の改正により、第三者からの情報取得手続の一つとして、本手続が創設されました。

3 対象となる第三者

本手続において執行裁判所が情報提供を命ずるべき第三者は、登記所です。

そして、この対象となる登記所の具体的な範囲については、不動産登記に関する情報管理の在り方や各個別の登記所における実務上の対応能力を考慮した検討が必要であることなどから、法務省令によって定めることとされています（新法205条1項。部会資料21–2・6頁参照）。

4 取得可能な情報の範囲

本手続において、債務者が所有権の登記名義人である土地又は建物に準ずるものとして情報取得手続の対象とすべきものの具体的な範囲についても、不動産登記に関する情報管理の在り方や各個別の登記所における実務上の対応能力を考慮した検討が必要であることなどから、法務省令によって定めるものとするとされています（部会資料21–2・6頁参照)。

なお､所有権の登記名義人である土地又は建物に準ずるものとしては、具体的には､地上権､永小作権､賃借権又は採石権が考えられているほか、債務者が表題部所有者として記録されているものが考えられています。

5　登記所が情報提供すべき事項

⑴　申立書の記載事項

登記所からの情報取得を申し立てる申立書には、申立人、債務者及び情報提供を命じられるべき者の氏名又は名称及び住所等や、申立ての理由や登記所が検索すべき債務者が所有権の登記名義人である土地等の所在地の範囲を記載する必要があります（新規則187条1項)。また、債務者についてはできる限り氏名又は名称の振り仮名、生年月日及び性別その他債務者の特定に資する事項を記載する必要があります（新規則187条2項)。

⑵　登記所が情報提供すべき事項

本手続により登記所が情報提供すべき事項は、債務者の土地又は建物に対する強制執行又は担保権の実行の申立てをするのに必要となる事項です。これは、強制執行の申立書に記載すべき「強制執行の目的とする財産の表示」に関する事項（民執規21条3号参照）であり､具体的には､債務者が所有権の登記名義人である土地等の存在及びその土地等が存在するときは、その土地等を特定するに足りる事項とされています（新規則189条)。

（伊伏　康典）

6 給与債権に関する情報の取得可能範囲

Q6 今回の改正で新設された第三者からの情報取得手続のうち、給与債権に関する情報について、対象となる第三者と取得可能な情報の範囲にはどのようなものがありますか。

ポイント

1 対象となる第三者は、市区町村（特別区を含む。）又は日本年金機構や国家公務員共済組合などの厚生年金保険の実施機関（厚生年金保険法2条の5参照）です。

2 取得可能な情報は、債務者が支払を受ける給与等に係る債権に対する強制執行又は担保権の実行の申立てをするのに必要となる事項（勤務先に関する情報）として最高裁判所規則で定めるものです。

A

1 新設された債務者の給与債権に係る情報取得制度の内容

債務者の財産に係る情報の取得に関する手続（以下「第三者からの情報取得手続」といいます。）のうち、債務者の給与債権に係る情報の取得に関する手続（以下「本手続」といいます。）とは、執行裁判所が、不奏功等要件（新法197条1項）に該当するときに、養育費その他の扶養義務に係る請求権又は人の生命若しくは身体の侵害による損害賠償請求権を有する債権者の申立てにより、市町村（特別区を含む。）又は日本年金機構や国家公務員共済組合などの厚生年金保険の実施機関に対して債務者の給与債権に関する情報の提供を命じる制度です（新法206条1項）。

2 創設の経緯

(1) 平成15年改正時の議論

債務者以外の第三者から債務者財産に関する情報を取得する制度は、平成15年の民事執行法改正の際にも制度の創設が議論されました。しかしながら、公的機関が保有する情報を本来の目的以外の目的に利用することの個人情報保護の見地からの問題などが指摘された結果、平成15年改正の際には、債務者以外の第三者から債務者財産に関する情報を取得する制度の創設は見送られました。

⑵ 第三者からの給与債権情報取得の必要性

今回の改正の議論においては、平成15年改正で創設された財産開示手続には一定の制度的な限界があることが認識されるに至ったことや、近時、債務者の給与債権を差し押さえるために勤務先に関する情報が必要となる場面を念頭に、債務者が個人であるケースではその最も重要な財産が給与債権であることが少なくないが、債権者にとっては、債務者の勤務先を把握することが必ずしも容易ではないこと、近時、養育費履行確保の必要性の観点から、給与債権の差押えを容易にすることが求められていることなどの意見が出され、債務者の給与債権に関する情報を公的機関から取得する必要性が特に高いことが指摘されました（部会資料18–1・6頁参照）。

⑶ 個人情報保護の見地からの検討

i　他方、個人情報保護の見地については、公的機関の保有する情報は、「法令に基づく場合」を除き、本来の目的以外の目的に利用することが禁止されていること（行政機関の保有する個人情報の保護に関する法律8条1項）との関係に加えて、公的機関の職員が負っている守秘義務との関係が指摘されました。

ii　特に、市町村が地方税の賦課徴収等のために保有している情報については、地方税法22条により職員の守秘義務が定められており、これらの情報の取扱いに関しては、私人の秘密がみだりに外部に提供されてしまうとすれば当該私人の権利利益が侵害されることとなるおそれがあるほか、税務当局が納税者や給与支払者等の自発的な協力により税務に関する情報を円滑に収集しようとするという現状の制度運用を維持することができなくなるおそれがあるとの指摘について議論がされました。

iii　そして、実務上は、このような問題意識からこの守秘義務の対象となる税務関係情報の提供については、保護法益間の比較考量等を慎重に行った上で必要と認められる範囲内で対応されていることを前提に、「個人情報保護により得られる利益」の評価について検討したところ、公的機関からの情報取得に先行して財産開示手続の実施決定がされている場面では、債務者自身がその情報についての陳述義務を負い、債権者は財産開示期日において債務者に質問をすることができることに加え、当該手続における債務者の手続違背が罰則の対象となっているのであるから、このような場面では債務者の勤務先に関する情報を債権者との関係で保護する利益が相対的に小さいとの指摘がされました（部会資料18−1・6頁以下参照）。

⑷　手続の創設

以上のように、債務者の給与債権に関する情報については、これを公的機関から取得する必要性が特に高いと考えられる一方で、債務者の勤務先に関する情報の保護の利益が相対的に低いと考えられることなどを踏まえた結果、今回の改正により、第三者からの情報取得手続の一つとして、本手続が創設されました。

3　対象となる第三者

⑴　第三者の範囲

本手続において執行裁判所が情報提供を命ずるべき第三者は、①市町村（特別区を含む。以下同じ。）（新法206条1項1号）と②日本年金機構、国家公務員共済組合、国家公務員共済組合連合会、地方公務員共済組合、全国市町村職員共済組合連合会又は日本私立学校振興・共済事業団（同項2号）の各厚生年金保険の実施機関（厚生年金保険法2条の5参照）（以下、①と②を総称して「市町村等」といいます。）です。

⑵　市町村等が保有する情報の範囲

①市町村と②厚生年金保険の実施機関は、地方税や厚生年金保険に関する事務を行うために必要な情報として、債務者の勤務先に関する情報

を保有していると考えられますが、市町村等が保有している情報の範囲については差異があります。

まず、①市町村は、当該市町村に住所がある（住民登録されている）給与所得者の勤務先に関する情報を保有していますが、その情報は給与支払者から毎年1月に提出される給与支払報告書（地方税法317条の6第1項）等により得られるものです。そのため、債務者が当該勤務先での勤務を開始した時点と当該市町村がその事実を把握する時点との間には、ある程度の時間差がある可能性があります。

他方、②厚生年金保険の実施機関は、当該実施機関の実施する事務に係る被保険者の情報を管理しており、当該実施機関の実施する事務に関係のない被保険者や厚生年金保険に加入していない者に関する情報を管理しているわけではありません。また、厚生年金保険の実施機関のうち、例えば、地方公務員共済組合連合会は、組合員や年金受給権者に関する個人情報を保有しているわけではなく、また、国家公務員共済組合連合会は、年金給付業務に必要となる各組合員の所属共済組合については管理しているものの、その者の具体的な勤務先（所属官署）を管理しているわけではありません。

(3) 申立てに当たって特定すべき事項

債権者は、本手続の申立てに当たっては、把握している債務者の情報をもとに、①市町村又は②厚生年金保険の実施機関の中から適切に第三者を選択した上で、申立書に記載して具体的に特定する必要があります。なお、第三者を具体的に特定する方法に関する細目的な事項については、最高裁判所規則で定めるものとされています。

4 取得可能な情報の範囲

本手続において、①市町村から取得可能な情報は、当該市町村が債務者の市町村民税（特別区民税を含む。）に係る事務に関して知り得たものに、②厚生年金保険の実施機関から取得可能な情報は、当該実施機関が債務者の厚生年金保険に係る事務に関して知り得たものに、それぞれ限定されています。したがって、市町村等がこれらの事務以外の事務、例えば、保育所の利用申請時に債務者が市町村へ申告した債務者の勤務先に関する情報などは取得できません。

また、市町村等は債務者の過去の勤務先に関する情報も保有していることがありますが、本手続は債務者の給与債権の差押えのための手続であるため、取得可能な情報は、市町村等が保有している直近の債務者の勤務先に関する情報となります（部会資料18–1・8頁参照）。

5　市町村等が情報提供すべき事項

⑴　申立書の記載事項

給与債権に関する情報の取得を申し立てる申立書には、申立人、債務者及び情報提供を命じられるべき者の氏名又は名称及び住所等や申立ての理由を記載する必要があります（新規則187条1項）。また、債務者については、できる限り氏名又は名称の振り仮名、生年月日及び性別その他債務者の特定に資する事項を記載する必要があります（同条2項）。

⑵　市町村等が情報提供すべき事項

本手続により市町村等が情報提供すべき事項は、債務者の給与債権に対する強制執行又は担保権の実行の申立てをするのに必要となる事項です。これは、強制執行の申立書に記載すべき「強制執行の目的とする財産の表示」に関する事項（民執規21条3号参照）ですが、その具体的な事項は、市町村については、債務者に対し給与の支払をする者の存否並びにこれが存在するときは、その者の氏名又は名称及び住所（支払をする者が国である場合は債務者の所属する部局の名称及び所在地）であり（新規則190条1項）、厚生年金保険の実施機関については、報酬又は賞与の支払をする者の存否並びに存在するときはその者の氏名又は名称及び住所（支払者が国の場合は、市町村についてと同じです）となっています（同条2項）。

（伊伏　康典）

7 預貯金債権等に関する情報の取得可能範囲

Q7 第三者からの情報取得手続において、預貯金債権等に関する情報を取得できる第三者とその範囲にはどのようなものがありますか。

ポイント

1 預貯金債権に関する情報の取得に必要な第三者の範囲は、銀行等であり、また、取得できる情報の範囲は、最高裁判所規則で定められます。また、外国銀行の本店又は海外支店に存在する預貯金債権に関する情報の取得は、難しいと考えられます。
2 振替社債等に関する情報の取得ができる第三者の範囲は、振替機関及び口座管理機関であり、また、取得できる情報の範囲は、最高裁判所規則で定められます。
3 今回創設の対象とならなかった振替決済手続の対象とならない株式、社債等、生命保険解約返戻金等各種保険については、従前の実務の取り扱いが維持されます。

A

1 預貯金債権に関する情報の取得

(1) 創設の趣旨

預貯金債権に関する探索的な差押えについては、従来、店舗割付方式、全店一括順位付方式、預金額最大店舗方式という方法が取られていました。

しかし、全店一括順位方式に基づく差押えについては、「速やかに確実に被差押債権を識別することができないため、債権の特定を欠く」との理由により否定されました（最判平成23年9月20日民集65巻6号2710頁）。

また、預金額最大店舗方式についても、最判平成25年1月17日判時2176号29頁が、上記平成23年判決の枠組に従い、被差押債権特定の基準を満たさない、と判示しています。

上記判例を踏まえ、執行実務では、預貯金債権の差押命令の申立てをするためには、取扱店舗を特定しなければならなくなり、そのために、取扱店舗における預貯金債権の有無、種類等の情報を取得する必要性が生じました。

また、近時、証券会社等の他の機関と異なり、金融機関における情報管理システムの整備が一部を除いてなされており、金融機関の本店に対して債務者の預貯金口座の有無を比較的容易に調査することができるようになったことを踏まえますと（部会資料２・９頁）、金融機関に多大な負担を強いることもありません。

他方、金融機関に預金の情報を出させるというと、個人情報保護との関係で、情報開示義務の根拠をいかに考えるかは問題です。これについては、預貯金は債務者の現金を金融機関が保有しているという性質を持つことから、金融機関に情報の開示義務を負わせてもよいのではないか、という意見がありうるところです（法制審民事執行法部会第２回議事録43頁道垣内委員発言、法制審民事執行法部会第６回議事録40頁道垣内委員発言）。

新法207条１項１号の手続は、上記の必要性及び金融機関に多大な負担をかけないこと、預貯金の特殊性から金融機関に情報開示義務を負わせることも可能と考えられることを踏まえ、今回の改正で創設されました。

⑵　新法207条１項１号の内容

ア　新法207条１項１号に基づいて情報取得請求が可能な第三者の範囲は、銀行等になります。

上記の銀行等には、銀行、信用金庫、信用金庫連合会、労働金庫、労働金庫連合会、信用協同組合、信用協同組合連合会、農業協同組合、農業協同組合連合会、漁業協同組合、漁業協同組合連合会、水産加工協同組合、水産加工協同組合連合会、農林中央金庫、株式会社商工組合中央金庫又は独立行政法人郵便貯金簡易生命保険管理・郵便局ネットワーク支援機構が含まれます（新法207条１項１号）。

イ　また、新法207条１項１号を利用して取得できる情報の範囲は、債務者の当該銀行等に対する預貯金債権（改正民法466条の5第1項に規定する預貯金債権に同じ）に対する強制執行又は担保権実行の申立てをするのに必要となる事項として、最高裁判所規則で定めるものです（新法207条1項1号）。

具体的には、預貯金債権の存否、これが存在するときは、取扱店舗並びにその預貯金債権の種別、口座番号及び金額となっています（新規則191条1項）。

そして、銀行等からの情報提供の申立書には、給与債権の場合と同様に申立人、債務者及び情報提供を命じられるべき者や、債務者の特定に資する事項の記載が必要です（新規則187条1項、2項、本章**Q6**参照）。

⑶ 外国銀行の本店又は海外支店に存在する預貯金債権

新法207条1項1号の「預貯金債権」について、日本国内にある外国銀行の支店に預けられた預貯金債権は対象となり、同条による情報取得制度の対象となります（法制審民事執行法部会第22回議事録22頁松波関係官発言）。

他方、外国銀行の本店又は海外支店に預けられた預貯金債権が、同条の「預貯金債権」に含められ、情報取得制度の対象となるかは、解釈で決せられる問題になります（同松波関係官発言）。

しかし、①現在金融機関において、グローバルに預金口座情報を一元的に管理するシステムの構築が行われていないこと、②本情報取得制度のために金融機関が巨額の費用を掛けて新たなシステム構築を求められるということとなれば金融機関の負担が重くなってしまうこと、③預金取引情報の国外への持ち出しが許されるかにつき現地弁護士との相談費用が高額になることを考えると、外国銀行の本店又は海外支店にある預貯金債権の情報を本制度を利用して取得するのを認めることは、本情報取得制度の制度趣旨の1つである金融機関に多大な負担をかけないという要請に反するおそれがあります（法制審民事執行法部会第23回議事録3頁中原委員発言）。

そのため、解釈として導くことも難しいものと考えられます。

2　債務者の有する振替社債等に関する情報の取得

(1)　創設の趣旨

現在、国民の資産保有形態は、預貯金債権のみならず株式や社債等の有価証券にまで及んでいます。そのため、強制執行による債権回収のために各種の金融商品を対象とする差押命令の申立てをする必要性があります。

そして、振替機関が多数に及ぶ場合、振替社債等のように処分が極めて容易なものについては、探索的差押えを行った場合、振替機関等に割り付けられた部分の差押命令が空振りに終わった時、債権者が再度の差押命令の送達までの間に、債務者が当該振替社債等を処分する可能性があるという弊害があります。

そのため、複数の振替機関から、振替社債等の有無、数量等の情報を取得する必要性が生じました。

また、振替社債等を取り扱うための口座が開設されている銀行や証券会社等においては内部に情報管理システムを整備していることから、これらの情報提供をすることに伴う第三者の負担は、必ずしも大きいものではないとの指摘があります（部会資料17−1・13頁）。

以上の理由により、今回、債務者の有する振替社債等に関する情報の取得制度として、新法207条1項2号の手続が創設されました。

(2)　新法207条１項２号の内容

ア　新法207条1項2号に基づいて情報取得請求が可能な第三者の範囲は、振替機関及び口座管理機関になります（新法207条1項2号、社債、株式等の振替に関する法律2条5項）。

イ　また、新法207条1項2号で取得可能な情報の範囲は、債務者の有する振替社債等（社債、株式等の振替に関する法律第2条第1項に規定する社債等（社債のほか、国際、地方債、投資信託の受益権、株式、新株予約権、新株予約権付社債等を含む）のうち、同条2項に規定する振替機関（株式会社証券保管振替機構及び日本銀行）が取り扱うもの）に関する強制執行又は担保権実行の申立てをするのに必要な事項として最高裁判所規則で定めるものです。具体的には、債務者の有する振替社債等の存否、これが存在するときは、その振替社債等の銘柄及び額又は数です（新規則191条2項）。

そして、振替機関等からの情報取得の申立書に記載する事項は、預貯金債権の場合と同様です（新規則187条1項、2項）。

なお、部会においては、振替決済手続にのらない株式、社債等についての情報取得についても議論の対象となりました。しかし、振替決済の対象とならない株式、社債等を把握できる情報システムを作成している金融機関はなく、当該事項にまで照会範囲を広げるとなると、金融機関にとって物理的にも無理を強いるという理由から、今回は創設を見送ることとなりました（法制審民事執行法部会第17回議事録37頁中原委員発言）。

3 実務への影響

今回の第三者からの情報取得制度の創設は、預貯金債権及び振替決済手続の対象となる振替社債等に対する差押えの前段階において、当該事項に関する情報を取得できます。

これは、従前、弁護士法23条照会において、少なくとも都市銀行、大手4行全て及びゆうちょ銀行等に関して残高について回答を得られていた従前の実務の運用を法制度の面で拡大するものといえ、差押えの空振りを防止するなど効率的な執行に資するものと考えられます。

他方、今回、情報取得制度の創設を見送ったものとして、上記振替決済の対象とならない株式、社債等や生命保険解約返戻金等各種保険があります。

これらについては、従前の実務通り、弁護士会照会等を用いて株式や社債等の有無、保険証券番号等差押命令の申立てに必要な情報を取得してから、当該対象物に対して差押命令の申立てをするという取り扱いが維持されるものと思われます。

（吉村　和貴）

8 不動産及び給与債権に係る情報についての第三者からの情報取得手続の要件

Q8 不動産及び給与債権に係る情報についての第三者からの情報取得手続の要件はどのようなものか教えてください。

ポイント

1 情報取得手続において、不動産に係る情報と給与債権に係る情報とで要件の共通点（財産開示手続前置、申立て期間制限、効力発生要件）があります。
2 不動産に係る情報と給与債権に係る情報とで、申立てができる金銭債権者が異なり、後者はかなり限定されています。
3 過去の一定期間内に情報取得手続により同一の第三者から情報を取得した場合に、情報取得手続の再実施を制限するか否かが議論されましたが、制限しないことになりました（民事執行法の改正に関する中間試案（以下「中間試案」といいます。）参照。）。

A

1 不動産に係る情報について

(1) 規定の概要

新法205条1項柱書は、債務者の不動産に係る情報の取得について、執行裁判所が、一定の事由に該当するときは、一定の者の申立てにより、法務省令で定める登記所に対し、債務者が所有権の登記名義人である土地又は建物その他これらに準ずるものとして法務省令で定めるものに対する強制執行又は担保権の実行の申立てをするのに必要となる事項として最高裁判所規則で定めるものについて情報の提供をすべき旨を命じなければならない旨規定します。この制度によって、債権者が債務者の不動産を調査し、調査の結果、不動産があることが分かれば、差押え等の対応をすることができるようになります。当該規定は、執行裁判所に効果裁量を認めずに情報提供を命じる義務を新設した点が特徴の1つといえます。具体的な要件については、以下に説明します。

⑵ 要件①（新法205条1項各号に該当する事由があること）

新法205条1項柱書は、「次の各号のいずれかに該当するときは」と規定し、以下のいずれかの事由への該当性を要件としています。具体的には、次の各事由を指します。

ア 新法197条1項各号のいずれかに該当する場合（新法205条1項1号）

まず、強制執行又は担保権の実行における配当等の手続（申立ての日より6月以上前に終了したものを除く。）において、申立人が当該金銭債権の完全な弁済を得ることができなかったとき（新法197条1項1号）が挙げられます。

次に、知れている財産に対する強制執行を実施しても、申立人が当該金銭債権の完全な弁済を得られないことの疎明があったとき（新法197条1項2号）が挙げられます。

ただし、上記の各場合において、執行力のある債務名義の正本に基づく強制執行を開始することができないときは、執行裁判所が情報提供を命じる義務を負いません（新法205条1項柱書ただし書）。

イ 新法197条2項各号のいずれかに該当する場合（新法205条1項2号）

まず、強制執行又は担保権の実行における配当等の手続（申立ての日より6月以上前に終了したものを除く。）において、申立人が当該先取特権の被担保債権の完全な弁済を得ることができなかったとき（新法197条2項1号）が挙げられます。

次に、知れている財産に対する担保権の実行を実施しても、申立人が前号の被担保債権の完全な弁済を得られないことの疎明があったとき（新法197条2項2号）が挙げられます。

⑶ 要件②（新法205条1項各号に定める者によること）

新法197条1項各号のいずれかに該当する場合は、執行力のある債務名義の正本を有する金銭債権の債権者による申立てであることが必要です（新法205条1項1号）。

一方で、新法197条2項各号のいずれかに該当する場合は、債務者の財産について一般の先取特権を有することを証する文書を提出した債権者による申立てであることが必要です（新法205条1項2号）。

(4) 要件③（財産開示期日における手続の前置）

前記した不動産の情報提供の申立ては、財産開示期日における手続が実施された場合（当該財産開示期日に係る財産開示手続において新法200条1項の許可がされたときを除く。）においてすることができます（新法205条2項）。

中間試案の段階では、財産開示手続を前置するか否かについて意見が分かれていました。新法が採った立場は、債務者財産に関する情報の開示は、債務者自身の陳述によるのが基本であると位置付け、第三者から情報を取得する手続は飽くまでも補充的な手段と位置付けるべきものとの理解に基づくものと考えられます。

(5) 要件④（申立て期限）

不動産の情報提供の申立ては、上記要件③において要求される財産開示期日から3年以内に限り、することができます（新法205条2項）。

(6) 要件⑤（申立てを認容する決定の確定）

不動産の情報提供の申立てを認容する決定は、確定しなければその効力を生じません（新法205条5項）。したがって、認容決定の送達（新法205条3項）を受けた債務者が執行抗告（新法205条4項）をすると、それが退けられるまで、執行裁判所は、情報提供を命じる義務を負いません。

民事執行法における執行抗告は、原則として、執行停止の効力はありませんが、不動産の情報提供は、関係者に重大な影響を与えるものであるところ、認容決定の確定まで効力を制限したものです。

2 給与債権に係る情報について

(1) 規定の概要

新法206条1項柱書は、執行裁判所が、一定の事由に該当するときは、一定の者の申立てにより、最高裁判所規則で定めるところにより当該債権者が選択したものに対し、債務者の給与債権に係る情報の提供をすべき旨を命じなければならない旨規定します。この制度によって、債権者が債務者の給与債権に関する情報（中間試案においては、勤務先の名称及び所在地が想定されていました。）を調査し、調査の結果、当該情報を利用して差押え等の対応をすることができるようになります。具体的な要件については、以下に説明します。

⑵ 要件①（新法197条1項各号のいずれかに該当すること）

まず、強制執行又は担保権の実行における配当等の手続（申立ての日より6月以上前に終了したものを除く。）において、申立人が当該金銭債権の完全な弁済を得ることができなかったとき（新法197条1項1号）が挙げられます。

次に、知れている財産に対する強制執行を実施しても、申立人が当該金銭債権の完全な弁済を得られないことの疎明があったとき（新法197条1項2号）が挙げられます。

⑶ 要件②（債権が本条の適用対象となる請求権に該当すること）

債務者の個人情報保護とのバランスの観点から、給与債権に係る情報取得が可能な金銭債権は、次のものに限定されています。

ア 新法151条の2第1項各号（現行法から改正はありません）に掲げる義務に係る請求権

① 民法752条の規定による夫婦間の協力及び扶助の義務

② 民法760条の規定による婚姻から生ずる費用の分担の義務

③ 民法766条（同法749条、771条及び788条において準用する場合を含む。）の規定による子の監護に関する義務

④ 民法877条から880条までの規定による扶養の義務

イ 人の生命若しくは身体の侵害による損害賠償請求権

例えば､交通事故（人身事故）における損害賠償請求権（民法709条）が挙げられます。

⑷　要件③（債権者が執行力のある債務名義の正本を有すること）

強制執行の一般的な要件です。

⑸　要件④（新法206条1項各号に規定された者と情報であること）

給与債権に係る情報取得手続の対象となる第三者と情報は以下のとおりとなります。なお、中間試案の補足説明において、「これらの公的機関は債務者の過去の勤務先に関する情報をも保有していることがあり得るが、ここで対象としている情報は、飽くまで債務者の給与債権の差押えのために必要となる事項であり、保有されている直近の勤務先に関する情報であれば足り、それ以前の過去の勤務先に関する情報を含まないとの考え方があり得る。」との指摘があるところ、債務者の個人情報保護とのバランスの観点から、開示される給与債権に関する情報の範囲が限定的に解釈される余地はあると考えられます。

ア　市町村（特別区を含む。）の場合（新法206条1項1号）

債務者が支払を受ける地方税法317条の2第1項ただし書に規定する給与に係る債権に対する強制執行又は担保権の実行の申立てをするのに必要となる事項として最高裁判所規則で定めるもの（当該市町村が債務者の市町村民税（特別区民税を含む。）に係る事務に関して知り得たものに限る。）

イ　日本年金機構、国家公務員共済組合、国家公務員共済組合連合会、全国市町村職員共済組合連合会又は日本私立学校振興・共済事業団の場合（新法206条1項2号）

債務者（厚生年金保険の被保険者であるものに限る。）が支払を受ける厚生年金保険法3条1項3号に規定する報酬又は同項4号に規定する賞与に係る債権に対する強制執行又は担保権の実行の申立てをするのに必要となる事項として最高裁判所規則で定めるもの（情報の提供を命じられた者が債務者の厚生年金保険に係る事務に関して知り得たものに限る。）

⑹　要件⑤（財産開示期日における手続の前置）

給与債権の情報提供の申立ては、財産開示期日における手続が実施された場合（当該財産開示期日に係る財産開示手続において新法200条1項の許可がされたときを除く。）においてすることができます（新法206条2項、205条2項）。

⑺ 要件⑥（申立て期限）

給与債権の情報提供の申立ては、上記要件⑤において要求される財産開示期日から3年以内に限り、することができます（新法206条2項、205条2項）。

⑻ 要件⑦（申立てを認容する決定の確定）

給与債権の情報提供の申立てを認容する決定は、確定しなければその効力を生じません（新法206条2項、205条5項）。したがって、認容決定の送達（新法206条2項、205条3項）を受けた債務者が執行抗告（新法206条2項、205条4項）をすると、それが退けられるまで、執行裁判所は、情報提供を命じる義務を負いません。

⑼ 要件⑧（強制執行が開始可能であること）

上記の場合において、執行力のある債務名義の正本に基づく強制執行を開始することができないときは、執行裁判所が情報提供を命じる義務を負いません（新法206条1項柱書ただし書）。

（佐藤　孝丞）

9 第三者からの預貯金債権等に係る情報取得手続の要件

Q9 **預貯金債権等に係る情報についての第三者からの情報取得手続の要件について教えてください。**

ポイント

1 債務者の預貯金債権等に係る情報の取得が新設され、債権者が債務者財産に関する情報を得る手段が増えました。
2 債務者の預貯金債権等に係る情報を取得するには、財産開示手続と同様に執行力のある債務名義の正本を有する金銭債権の債権者、もしくは債務者の財産について一般の先取特権を有することを証する文書を提出した債権者が民事執行法207条が定める要件（詳細については後記のとおりです。）を満たす必要があります。

A

1 制度創設の背景等

債務者以外の第三者から債務者財産に関する情報を取得する制度の創設は平成15年改正の際に検討されたものの、個人情報保護の観点から問題があるとして、採用されませんでした。しかし、今回の改正において、以下のような理由で、この制度が創設されることになりました。

まず、平成15年改正で創設された財産開示手続の運用状況を見ると、開示義務者が財産開示期日への出頭等を拒絶するケースが少なからず生じており、債務者自身の陳述により債務者財産に関する情報を取得する制度には一定の制度的な限界があることが認識されるに至ったとの指摘がされています。また、金融機関に対する預貯金口座に関する情報の照会に関しては、近時、金融機関における情報管理システムの整備が一部の例外を除いてされており、金融機関の本店に対して債務者の預貯金口座の有無を照会すれば、全ての支店における預貯金口座の有無を比較的容易に調査することができるようになったという状況の変化があるとの指摘がされています（民事執行法の改正に関する中間試案の補足説明・14頁）。なお、制度創設の経緯の詳細については前記本章**Q1**をご参照ください。

2　債務者の預貯金債権等に係る情報の取得

債務者以外の第三者から債務者財産に関する情報を取得する制度の1つとして、債務者の預貯金債権等に係る情報の取得の申立てに関する制度が創設されました。民事執行法207条は、民事執行法197条の定める財産開示手続のうち、同条1項の場合と、2項の場合を分け、それぞれ異なった要件のもとで情報の取得を許容しています。なお、いずれの場合も申立てを却下する裁判に対しては、執行抗告をすることができます（新法207条3項）。

⑴　民事執行法197条1項各号に該当する場合

この場合において、債務者の預貯金債権等に係る情報の取得の申立てができる申立権者、申立ての要件は、下記のとおりです（新法207条1項）。

申立権者	執行力のある債務名義の正本を有する金銭債権の債権者
要　件	⑴　第197条第1項各号のいずれかに該当するとき（民事執行法207条1項柱書） ①　強制執行又は担保権の実行における配当等の手続（申立ての日より6月以上前に終了したものを除く。）において、申立人が当該金銭債権の完全な弁済を得ることができなかったとき。 ②　知れている財産に対する強制執行を実施しても、申立人が当該金銭債権の完全な弁済を得られないことの疎明があったとき。 ⑵　執行力ある債務名義に基づく強制執行を開始することができない場合に該当しないこと（民事執行法207条1項柱書但書）

なお、情報の提供を命じられる相手方と、その情報の概要は下記のとおりです（新法207条1項但書。詳細については、前記本章**Q7**をご参照ください。）。

情報提供を命じられる相手方	その情報
銀行等（①銀行、②信用金庫、③信用金庫連合会、④信用協同組合、⑤協同組合連合会、⑥労働金庫、⑦労働金庫連合会、⑧株式会社商工組合中央金庫、⑨農業協同組合、⑩農業協同組合連合会、⑪漁業協同組合、⑫漁業協同組合連合会、⑬水産加工業協同組合、⑭水産加工業協同組合連合会、⑮農林中央金庫のほか、郵政民営化前の郵便貯金の一部を承継している⑯独立行政法人郵便貯金・簡易生命保険管理機構を指します。部会資料17–1・7頁）	預貯金債権に対する強制執行又は担保権の実行の申立てをするのに必要となる事項として最高裁判所規則で定めるもの
振替機関等（社債、株式等の振替に関する法律２条５項に規定する振替機関等）	債務者の有する振替社債等に関する強制執行又は担保権の実行の申立てをするのに必要となる事項として最高裁判所規則で定めるもの

⑵ 民執法197条２項各号に該当する場合

この場合において、債務者の預貯金債権等に係る情報の取得の申立てができる申立権者、申立ての要件等は、下記のとおりです（新法207条２項）。

申立権者	債務者の財産について一般の先取特権を有することを証する文書を提出した債権者
要　件	第197条第２項各号のいずれかに該当するとき（新法207条2） ①　強制執行又は担保権の実行における配当等の手続（申立ての日より６月以上前に終了したものを除く。）において、申立人が当該先取特権の被担保債権の完全な弁済を得ることができなかったとき。 ②　知れている財産に対する担保権の実行を実施しても、申立人が前号の被担保債権の完全な弁済を得られないことの疎明があったとき。

なお、情報の提供を命じられる相手方とその情報に関して、新法207条２項は、執行裁判所は、銀行等、振替機関等であって最高裁判所規則で定めるところにより当該債権者が選択したものに対し、上記⑴記載の事項につき、情報の提供をすべき旨を命じなければならないとしています（新法207条２項。詳細については、前記本章**Q7**をご参照ください。）。

3　各要件について

⑴　財産開示手続との類似性について

債務者の預貯金債権等に係る情報の取得に関する要件については、基本的に（手続の再実施制限に関する規律を除き）財産開示手続に関する規律と同様とするものとする考え方に沿って、その要件が定められています。その理由は、当該手続が、財産開示手続と共通の目的の下で強制執行の準備として行われるものであり、債務者のプライバシーや営業秘密等に属する情報の開示を求めるものである点で、財産開示手続と同様の特質を有すると考えられるためです（中間試案補足説明・23頁、部会資料14–1・16～17頁及び同17–1・16頁）。

⑵　債務名義について

預貯金債権等に係る情報を金融機関等から取得する手続の申立てに必要とされる債務名義の種類については、改正後の財産開示手続の実施要件と同様に、金銭債権についての強制執行の申立てに必要とされる債務名義であれば、いずれの種類の債務名義についても、この手続の申立てをすることができるものとされています。また、一般の先取特権を有する債権者にも、金融機関等からの情報取得の手続の申立てを認めることとされています。

⑶　先に実施した強制執行の不奏功等について

前記財産開示手続との類似性から、先に実施した強制執行の不奏功等の要件についても備わっている必要があるとされています。

この点に関して、部会では、財産開示手続の実施要件のうち先に実施した強制執行の不奏功等の要件を見直さないものとした場合であったとしても、金融機関等からの情報取得については、この要件を不要とすべきであるとの意見がありました（部会資料14–1）。その理由として、①先に実施した強制執行の不奏功等の要件の立証（疎明）が必ずしも容易でないとの評価と、②知れている財産に対する強制執行をすれば債権者が請求債権の完全な弁済を得ることができる場合であっても、他に強制執行がより容易な財産があるかもしれないとの指摘が考えられます。しかしながら、上記①の評価に対しては、部会のこれまでの議論において、現在の裁判実務を必ずしも正確に反映したものではないとの批判がされ、また、上記②の指摘に対しては、金融機関等からの情報取得は、財産開示手続と同様に、債務者の秘密に属する情報を強制的に取得するものであるため、この手続を行う必要性がある場合に限り情報取得を命ずるのが相当であるとの考え方との関係が問題となるなどの指摘があり、金融機関等からの情報取得の要件を財産開示手続の実施要件よりも緩やかなものとする上記考え方については、金融機関等からの情報取得の要件を満たしている場合であっても、財産開示手続の実施要件を満たしているとは限らないこととなることから、金融機関等の守秘義務等と情報提供義務との関係を整理するに当たり、財産開示手続による債務者自身の開示義務と関連づけて説明するアプローチ（中間試案補足説明17頁参照）を採ることができなくなってしまうのではないかとの批判もあり得るとの指摘等を踏まえて（以上につき、部会資料17−1・16～17頁）、先に実施した強制執行の不奏功等の要件についても備わっている必要があるとされています。

⑷ 財産開示手続前置について

債務者財産のうち、不動産及び給与債権に関する情報の取得にあたっては、その申立の日前３年以内に財産開示手続が実施されることが必要であるとして、財産開示手続を前置することとされています（新法205条２項、206条２項）。

これに対し、債務者の預貯金債権等に係る情報を取得するにあたっては、財産開示手続と要件は類似しているものの、同手続の前置は要求されていません。これは、債務者による財産隠しの危険を避けるとの観点から、債権者が、債務者に知られることなく第三者から情報を取得することができるようにすべきであり、特に、流動性の高い預貯金債権に関する情報を得ようとする場面では、そのようにする必要があるとの指摘があり、その上で、①先に財産開示手続が実施されていなくても、第三者から情報を取得する手続の実施を申し立てる時点で、財産開示手続の実施要件が実質的に満たされているのであれば、債務者自身がその財産に関する情報を開示する義務を負うものと同視し得るとの指摘、②預貯金債権の有無や現在残高等を回答する程度であれば、情報提供を求められる金融機関の事務的な負担はそれほど大きいものではないとの指摘及び③債務者の反論の機会に関しては、例えば、仮に、この手続により不当に（本来であれば債務名義上の債権が存在しないにもかかわらず）債務者の預貯金債権に関する情報が開示されることがあったとしても、その場合には、債権者に対する損害賠償請求によって対応すれば足りることなどの指摘を根拠にしています（部会資料14-1・18～20頁）。

4　実務への影響

債務者の預貯金債権等に係る情報の取得に関する制度が創設されたため、同制度を用いて、債務者財産を明らかにし、強制執行によって回収が図られるようになるものと思われます。ただし、その要件は、財産開示手続と類似しているため、従前の財産開示手続における取扱い等を参考にしながら、申立てを行い、制度を利用していくことになると考えられます。

（帷子　翔太）

10 第三者からの情報取得手続の流れ

Q10 第三者からの情報取得手続はどのように進められますか。

ポイント

1　債権者の申立てに対する執行裁判所の決定後、第三者は執行裁判所に書面で情報を提供します。
2　申立人である債権者は、当該情報提供書面の写しの送付を受けることにより、情報を取得します。
3　申立人である債権者に情報提供がされたときは、債務者に対しその旨の通知がなされます。

A

1　申立て

第三者からの情報取得手続は、債権者の申立てにより行われます（新法205条1項、206条1項、207条1項、同条2項。）。申立書には、申立人、債務者及び情報提供を命じられるべき者の氏名・名称、住所や申立ての理由（このほか、不動産情報取得を申し立てる場合は、債務者が所有権の登記名義人である土地等の所在地の範囲）を記載する必要があります（新規則187条1項）。また、債務者を特定するための事項をできる限り記載すべきとされており、特定のための要素としては、陳述を命じられる第三者の情報管理体制の関係上、氏名・名称、住所のほか、債務者の性別、生年月日、氏名・名称のふりがな等の記載が求められています（新規則187条2項。これは金融機関等の検索の便宜のため定められたものです。例えば金融機関では、氏名・名称をカナ登録している所がほとんどで、個人であれば検索はふりがなで行い、住所、氏名、生年月日の一致により同一人かどうかを判断しているとの指摘があります。そういった場合に読み方がわからないとか、複数の読み方が考えられる場合には、検索に混乱が生じ、金融機関の負担も大きくなるため、ふりがなをつけるべきとの意見も出されています。部会資料20−2・9〜10頁、議事録19・4〜6頁、20・3〜6頁、部会資料21−2・6〜7頁、議事録21・2〜4頁)。

第三者からの情報取得手続については、債務者の普通裁判籍の所在地を管轄する地方裁判所が執行裁判所として管轄し、この普通裁判籍がないときは、情報の提供を命じられるべき第三者の所在地を管轄する地方裁判所が、執行裁判所として管轄します(新法204条)。

同手続のうち、不動産及び給与債権に関する情報取得手続については、申立ては、財産開示期日から3年以内に限りすることができます(新法205条2項、206条2項)。一方、預貯金債権等に関する情報取得手続については、財産開示手続の前置は不要ですので、このような期間制限はありません。

なお、不動産、給与債権、預貯金債権等の各類型における情報取得手続の要件については、**本章Q8、9**を、同手続で対象となる第三者及び取得可能な情報の範囲については、**本章Q5**ないし**7**をご参照ください。

2 決 定

執行裁判所は、規定の要件が満たされた場合には、第三者に対し、情報の提供をすべき旨を命じなければなりません(新法205条1項、206条1項、207条1項、同条2項。)。

3 債務者への送達

不動産及び給与債権に関する情報取得手続については、債権者の申立てを認容する決定がされたときは、当該決定(新法205条1項2号の場合は、当該決定及び同号に規定する文書の写し)が債務者に送達されます(新法205条3項、206条2項)。

これに対して、預貯金債権等に関する情報取得手続については、その流動性の高さによる財産隠しの危険等の理由から、債務者に対して決定等の送達はなされません。

4　決定の確定・効力発生

不動産及び給与債権に関する情報取得手続については、申立てについての裁判に対しては、決定の送達を受けた日から1週間の不変期間内に執行抗告をすることができます（新法205条4項、206条2項、10条2項）。一般的に、執行抗告は、原則として執行停止の効力はありませんが、不動産及び給与債権に関する情報取得手続については、申立てを認容する決定は、確定しなければその効力を生じないこととされています（新法205条5項、206条2項）。

預貯金債権等に関する情報取得手続については、申立てを却下する裁判に対しては、執行抗告をすることができます（新法207条3項）。一方、上記3で述べたとおり、情報提供を命ずる決定がされたことは情報提供前に債務者に告知されませんので、債務者は、当該決定に対する執行抗告をすることはできません。預貯金債権等に関する情報取得手続ついては、申立てを認容する決定は、当該決定が金融機関に告知されたときにその効力を生ずることになります（民執法20条、民事訴訟法119条。部会資料17-1・19頁）。

なお、執行抗告については、**本章Q12**もご参照ください。

5　第三者による情報提供

第三者は、債権者の申立てを認容する決定がなされ、情報の提供を命じられた場合、執行裁判所に対し、書面により情報の提供を行います（新法208条1項）。このとき、同時に書面の写しも提出する必要があります（新規則192条1項本文）。

6　債権者への情報提供書面の写しの送付及び債務者への通知

第三者から書面による情報の提供がされたときは、執行裁判所は、申立人である債権者に当該書面の写しを送付します（新法208条2項）。ただし、第三者から申立人に当該書面の写しを発送したときは、第三者はこれを執行裁判所に提出する必要はなく、申立人がこれを受領していれば、執行裁判所から申立人に対する写しの送付の手続も行われません(新規則192条1項ただし書、2項)。

また、執行裁判所は、債務者に対して、債権者の申立てを認容する決定に基づいて情報の提供がされた旨を通知します（同項)。この通知の時期については、個別具体的な事案における執行裁判所の運用に委ねられることになりますが、債務者による財産隠しの危険を避ける必要性があるため、債権者に対する書面の写しの送付から相応の期間（債権者が強制執行の申立てをするのに十分な期間）が経過した後に通知を行うのが相当とされています（部会資料17–1・21頁、部会資料19–2・10～11頁)。なお、債務者に対しては、情報提供の書面の写しは送付されず、単に情報の提供があった旨の通知がされるだけですので、債務者が情報提供の内容を確認するには**7**で述べる閲覧請求の手続（民執法17条）を行う必要があります。

7　閲覧等の制限

不動産及び預貯金債権等については、第三者からの情報取得手続に係る事件の記録中、情報提供に関する部分についての民事執行法17条の規定による閲覧請求は、①申立人②債務者に対する金銭債権について執行力のある債務名義の正本を有する債権者③債務者の財産について一般の先取特権を有することを証する文書を提出した債権者④債務者⑤当該情報の提供をした者のみが行うことができます（新法209条1項)。

給与債権については、第三者からの情報取得手続に係る事件の記録中、情報提供に関する部分の閲覧請求は、①申立人②債務者に対する民事執行法151条の2第1項各号に掲げる義務に係る請求権又は人の生命若しくは身体の侵害による損害賠償請求権について執行力のある債務名義の正本を有する債権者③債務者④当該情報の提供をした者のみが行うことができます（新法209条2項)。

8 手続の流れ（フローチャート）

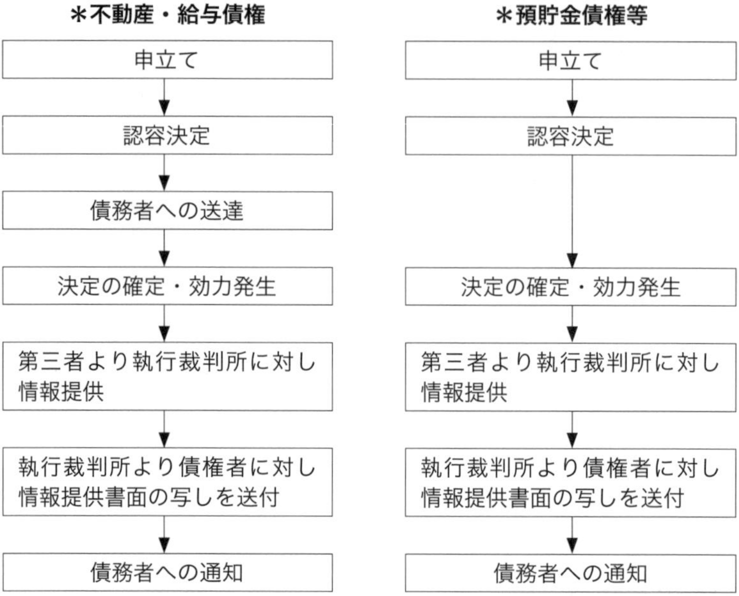

（小倉　佳乃）

11 第三者から取得した情報の保護

Q11 第三者から取得した情報はどのように保護されていますか。

ポイント

1　第三者から債務者の財産に関する情報を取得する手続において、一定の要件を課すことで、第三者が負っている守秘義務、本人の個人情報等への配慮を図っています。
2　第三者から得た債務者の財産に関する情報は、当該債務者に対する債権をその本旨に従って行使する目的以外の目的のために利用し、又は提供してはならない（目的外利用の禁止）とされています。
3　目的外利用の禁止に違反した場合、罰則（30万円以下の過料）が科されています。

A

1　第三者の守秘義務、本人の個人情報等への配慮について

第三者からの債務者財産の情報取得手続には、債務者の不動産に係る情報の取得手続、債務者の給与債権に係る情報の取得手続、債務者の預貯金債権等に係る情報の取得手続の3つからなり、これらには、一定の要件が課されています。

もともと、同制度を創出するにあたっては、以下のような指摘がありました。すなわち、「第三者に提供を求める情報には、債務者の個人情報に属するものが含まれており、第三者は、法令や契約によって、その情報に関して守秘義務等を負うことがあるものと考えられる（個人情報の保護に関する法律23条1項、行政機関の保有する個人情報の保護に関する法律8条1項、独立行政法人等の保有する個人情報の保護に関する法律9条1項）。また、第三者が保有する情報には、第三者が債務者との間の信頼関係を基礎として収集した債務者のプライバシーや営業秘密等に関わる情報が含まれると考えられるが、第三者がその情報を債権

者に開示することによってその信頼関係に重大な影響を与え、第三者の事業の遂行が困難となるおそれがあることも考えられる。このような情報を保有する第三者の利害との適切な調整の観点からは、第三者が提供すべき情報の範囲を検討するに当たっては、第三者が負っている守秘義務等と新たに課される情報提供義務との関係を明らかにする必要があると考えられる。」との指摘です（部会資料2・13～15頁）。

上記のとおり、第三者からの債務者財産情報の取得にあたっては、第三者の守秘義務、本人の個人情報等への配慮が必要となりますが、一定の要件を課すことによって、不用意な情報開示がなされないようにし、第三者の守秘義務、本人の個人情報への配慮がなされています。

なお、第三者からの情報取得手続に関する要件の詳細等については、それぞれの該当箇所（債務者の不動産に係る情報の取得手続及び債務者の給与債権に係る情報の取得手続につき**本章Q8**、債務者の預貯金債権等に係る情報の取得につき**本章Q9**）をご参照ください。

2 目的外利用の禁止について

⑴ 制度創設の背景等

第三者から得た情報を保護するため、その利用について、財産開示手続に関する情報保護の規定（民執法202条、旧法206条2項参照）を参考に、目的外利用の禁止（新法210条）及びこれに違反した場合の罰則（同214条2項）が設けられました（中間試案補足説明・30頁）。

⑵ 概要について

ア　第三者からの情報取得手続に係る事件の申立人は、第三者からの情報取得手続において得られた債務者の財産に関する情報を、当該債務者に対する債権をその本旨に従って行使する目的以外の目的のために利用し、又は提供してはならないと規定され（新法210条1項）、債権行使以外の目的での利用が制限されています。

イ　第三者からの情報取得手続に係る事件の申立人だけでなく、①債務者に対する金銭債権について執行力のある債務名義の正本を有する債権者、②債務者の財産について一般の先取特権を有することを証する文書を提出した債権者等であっても、第三者からの情報取得手続に係る事件において提供された情報を得たものは、当該情報を当該事件の債務者に対する債権をその本旨に従って行使する目的以外の目的のために利用し、又は提供してはならないと規定され（新法210条2項）、債権行使以外の目的での利用が制限されています。

3　閲覧等の制限について

上記の目的外利用の禁止は、第三者からの情報取得手続に係る事件の申立人だけでなく、債務名義を有する債権者や、一般先取特権を有する債権者に対しても課されています（新法210条2項）。これは、下記のとおり、債務名義を有する債権者等は、第三者からの情報取得手続に係る事件の記録を閲覧して情報を得ることが可能であるからです。

第三者からの情報取得手続は、不動産にかかる情報取得（新法205条）、給与債権に係る情報の取得（同206条）及び預貯金債権等に係る情報取得（同207条）に大別され、同手続によって、申立人は、裁判所を通じて、書面をもって情報の提供を受けることができます（同208条）。

そして、一定の利害関係を有するものは、事件記録の閲覧等をすることができます（民執法17条）。そのため、第三者からの情報取得手続に係る事件の記録を閲覧することで、提供された債務者の財産に関する情報を得ることができますが、情報保護の観点からは、閲覧できる者の範囲を限定する必要があります。そこで、新法209条は、対象となる情報に応じて、一定の者のみに事件記録の閲覧を許容するように制限しました。

対象となる情報	閲覧できる者
不動産に係る情報（新法205条）または預貯金等に係る情報（同法207条）	① 申立人 ② 債務者に対する金銭債権について執行力のある債務名義の正本を有する債権者 ③ 債務者の財産について一般の先取特権を有することを証する文書を提出した債権者 ④ 債務者 ⑤ 当該情報の提供をした者
給与債権に係る情報の取得（新法206条）	① 申立人 ② 債務者に対する第151条の2第1項各号に掲げる義務に係る請求権又は人の生命若しくは身体の侵害による損害賠償請求権について執行力のある債務名義の正本を有する債権者 ③ 債務者 ④ 当該情報の提供をした者

4 実務への影響

今回の改正により、第三者から債務者の財産に係る情報の取得が一定の要件のもとで許容されることになったため、個人情報保護の重要性等により、取得された情報の取り扱いについては、十分に注意する必要があります。代理人はもちろんのこと、依頼者本人による目的外利用についても注意すべきであると思われます。

（帷子　翔太）

12 債権者から申し立てられた第三者からの情報取得手続の回避

Q12 債権者から申し立てられた第三者からの情報取得手続をさせないものとすることは可能でしょうか。

ポイント

1 債務者は、執行裁判所が第三者に対して債務者の不動産及び給与債権に関する情報提供を命じる決定をしたときは、これに対し執行抗告の申立てができます。一方で、預貯金に関して執行裁判所が情報提供を命じる決定については、執行抗告の申立てができません。

2 債務者は、執行裁判所が第三者に対して情報提供を命じる決定（預貯金を含みます。）に対し、執行停止及び執行処分の取消しの各申立ても可能です。

3 一般の先取特権に基づく第三者からの情報取得手続については、執行抗告等において、特則が規定されています。

4 情報提供を命じる決定が取り消された場合には、費用の返還請求や、当該取消決定に対する債権者の不服申立てが可能です。

A

1 執行抗告の申立てが可能

(1) 規定の概要

本章Q8に記載したとおり、不動産と給与債権に関して、執行裁判所が第三者に対して情報提供を命じる決定は、確定しなければその効力を生じません（新法205条5項、206条2項）。したがって、認容決定の送達（新法205条3項、206条2項）を受けた債務者が執行抗告（新法205条4項、206条2項）をすると、それが退けられるまで、執行裁判所は、情報提供を命じる義務を負いません。

一方で、預貯金に関して執行裁判所が情報提供を命じる決定については、同決定の確定が効力発生要件とされておらず、執行抗告の申立てができません（新法207条3項反対解釈）。なお、預貯金に関する情報提供の申立てを却下する裁判については、債権者が執行抗告をなすことができます（新法207条3項）。

(2) 執行抗告の手続

執行抗告の手続については、民執法10条及び民執規6条が定めています。抗告状は、裁判の告知があった日から1週間の不変期間内に原裁判所に提出しなければなりません。抗告状に抗告理由の記載がないときは、抗告状提出の日から1週間以内に抗告理由書を提出しなければなりません（民執法10条3項）。

執行抗告に理由があるときは、抗告裁判所は決定により、執行裁判所がなした第三者に対して情報提供を命じる決定を取り消し、必要に応じて自判もしくは差戻しの裁判をします（民執法20条、民事訴訟法331条、307条から309条）。

2 執行停止の申立てが可能

執行力のある債務名義の正本に基づく第三者からの情報取得手続について、以下のとおり、民執法39条（強制執行の停止）の規定が準用されます（新法211条）。

(1) 執行停止の要件

次の文書の提出があったときは、強制執行は停止しなければなりません（民執法39条1項柱書）。

① 債務名義（執行証書を除く。）若しくは仮執行の宣言を取り消す旨又は強制執行を許さない旨を記載した執行力のある裁判の正本（民執法39条1項1号）

② 債務名義に係る和解、認諾、調停又は労働審判の効力がないことを宣言する確定判決の正本（民執法39条1項2号）

③ 民執法22条2号から4号の2までに掲げる債務名義が訴えの取下げその他の事由により効力を失ったことを証する調書の正本その他の裁判所書記官の作成した文書（民執法39条1項3号）

④　強制執行をしない旨又はその申立てを取り下げる旨を記載した裁判上の和解若しくは調停の調書の正本又は労働審判法21条4項の規定により裁判上の和解と同一の効力を有する労働審判の審判書若しくは同法20条7項の調書の正本（民執法39条1項4号）

⑤　強制執行を免れるための担保を立てたことを証する文書（民執法39条1項5号）

⑥　強制執行の停止及び執行処分の取消しを命ずる旨を記載した裁判の正本（民執法39条1項6号）

⑦　強制執行の一時の停止を命ずる旨を記載した裁判の正本（民執法39条1項7号）

⑧　債権者が、債務名義の成立後に、弁済を受け、又は弁済の猶予を承諾した旨を記載した文書（民執法39条1項8号）

⑵　執行停止期間等の限定

まず、債権者が、債務名義の成立後に弁済を受け、又は弁済の猶予を承諾した旨を記載した文書（民執法39条1項8号）のうち、弁済を受けた旨を記載した文書の提出による強制執行の停止は、4週間に限るものとされています（民執法39条2項）。

次に、債権者が、債務名義の成立後に、弁済を受け、又は弁済の猶予を承諾した旨を記載した文書（民執法39条1項8号）のうち、弁済の猶予を承諾した旨を記載した文書の提出による強制執行の停止は、2回に限り、かつ、通じて6月を超えることができないとされています（民執法39条3項）。

3　執行処分の取消しの申立てが可能

執行力のある債務名義の正本に基づく第三者からの情報取得手続について、民執法40条（執行処分の取消し）の規定が準用されます（新法211条）。

具体的には、上記**2**⑴の①から⑥の文書が提出されたときは、執行裁判所は、既にした執行処分をも取り消さなければなりません（民執法

40条1項）。この場合、当該取消決定に対する執行抗告はできません（民執法40条2項）。

4　一般先取特権に関する特則

一般の先取特権に基づく第三者からの情報取得手続については、特則として、以下のとおり、民執法182条（開始決定に対する執行抗告等）及び183条（不動産担保権の実行の手続の停止）の規定が準用されます（新法211条）。

⑴　執行抗告

執行裁判所がなした第三者に対して情報提供を命じる決定に対する執行抗告においては、債務者又は不動産の所有者（不動産とみなされるものにあっては、その権利者。）は、担保権の不存在又は消滅を理由とすることができます（民執法182条）。

⑵　手続の停止

ア　手続の停止義務

執行裁判所がなした第三者に対して情報提供を命じる決定の手続は、次に掲げる文書の提出があつたときは、停止しなければなりません（民執法183条）。

①　担保権のないことを証する確定判決（確定判決と同一の効力を有するものを含む。次号において同じ。）の謄本（民執法183条1項1号）

②　181条1項1号に掲げる裁判若しくはこれと同一の効力を有するものを取り消し、若しくはその効力がないことを宣言し、又は同項第3号に掲げる登記を抹消すべき旨を命ずる確定判決の謄本（民執法183条1項2号）

③　担保権の実行をしない旨、その実行の申立てを取り下げる旨又は債権者が担保権によって担保される債権の弁済を受け、若しくはその債権の弁済の猶予をした旨を記載した裁判上の和解の調書その他の公文書の謄本（民執法183条1項3号）

④ 担保権の登記の抹消に関する登記事項証明書（民執法183条1項4号）

⑤ 不動産担保権の実行の手続の停止及び執行処分の取消しを命ずる旨を記載した裁判の謄本（民執法183条1項5号）

⑥ 不動産担保権の実行の手続の一時の停止を命ずる旨を記載した裁判の謄本（民執法183条1項6号）

⑦ 担保権の実行を一時禁止する裁判の謄本（民執法183条1項7号）

イ 既にした執行処分の取消義務

上記ア①から⑤までに掲げる文書が提出されたときは、執行裁判所は、既にした執行処分をも取り消さなければなりません（民執法183条2項）。この場合、当該取消決定に対する執行抗告はできません（民執法183条3項）。

5 情報提供を命じる決定が取り消された場合

⑴ 費用の返還

第三者からの情報取得手続について、民執法42条（2項を除く。）の規定が準用されます（新法211条）。すなわち、強制執行の費用で必要なもの（以下「執行費用」という。）は、債務者の負担とされますが（民執法42条1項）、強制執行の基本となる債務名義（執行証書を除く。）を取り消す旨の裁判又は債務名義に係る和解、認諾、調停若しくは労働審判の効力がないことを宣言する判決が確定したときは、債権者は、支払を受けた執行費用に相当する金銭を債務者に返還しなければなりません（民執法42条3項）。この場合、債権者が返還すべき金銭の額は、申立てにより、執行裁判所の裁判所書記官が定めます（民執法42条4項）。当該処分は、確定しなければその効力を生じません（民執法42条8項）。

債権者が返還すべき金額についての裁判所書記官の処分に対しては、その告知を受けた日から1週間の不変期間内に、執行裁判所に異議を申し立てることができます（民執法42条5項）。執行裁判所は、当該異議の申立てを理由があると認める場合において、同項に規定する執行費用及び返還すべき金銭の額を定めるべきときは、自らその額を定めなければなりません（民執法42条6項）。当該異議の申立てについての決定に対しては、執行抗告をすることができます（民執法42条7項）。

債権者が返還すべき金額についての裁判所書記官の処分に計算違い、誤記その他これらに類する明白な誤りがあるときは、裁判所書記官は、申立てにより又は職権で、いつでもその処分を更正することができます（民執法42条9項前段、民事訴訟法74条1項）。当該更正については、上記異議申立て（民執法42条5項）、執行抗告（民執法42条7項）、効力発生時期（民執法42条8項）及び費用の返還義務（民執法42条3項）の規定が準用されます（民執法42条9項後段）。

⑵ 債権者の不服申立て

情報提供を命じる決定が取り消された場合、債権者は、当該決定に対し、執行抗告をすることができます（民執法12条1項前段）。当該決定は、確定しなければその効力を生じません（民執法12条2項）。

（佐藤　孝丞）

第3章

不動産競売における暴力団員の買受け防止

Q&A

1 不動産競売における暴力団員の買受け防止の方策導入の経緯と概要

Q1 不動産競売における暴力団員の買受け防止の方策が導入されるに至った経緯とその方策の概要を教えてください。

ポイント

1　平成19年6月19日に「企業が反社会的勢力による被害を防止するための指針」が公表されて以降、官民は一体となって不動産取引からの暴力団排除を推進していましたが、不動産競売手続における法の整備は進展しませんでした。このような状況において、暴力団の活動拠点となる不動産の約１割が競売や公売を利用して取得されていたという実態が判明したこと等を契機に、今回の民事執行法改正において、不動産競売における暴力団員の買受け防止の方策が導入されることになりました。

2　改正法においては、執行裁判所が、最高価買受申出人又は自己の計算において最高価買受申出人に買受けの申出をさせた者が暴力団員等に該当すると認めるときは、売却不許可決定をしなければならないとされました。この該当性の判断は、執行裁判所による都道府県警察に対する調査の嘱託その他の証拠調べの結果により、なされることになります。また、不動産の買受けを申し出ようとする者は自ら又は自己の計算において買受けの申出をさせようとする者が暴力団員等に該当しないことを陳述しなければならないとされ、虚偽の陳述をした者には刑事罰の制裁が科されることとなりました。

A

1　不動産競売における暴力団員の買受け防止の方策の導入経緯

(1)　政府指針と暴力団排除条例

犯罪対策閣僚会議幹事会による平成19年6月19日の「企業が反社会的勢力による被害を防止するための指針」(以下「政府指針」といいます。)

の公表以降、暴力団員をはじめとする反社会的勢力は、例えば、預金口座を開設できない、また、解約されるなど民間の取引から排除されるようになっています。

また、平成23年10月1日までに、全都道府県で一定の暴力団関係者に対する暴力団の活動を助長するような利益供与を禁止する暴力団排除条例が整備されることになり、暴力団を排除しようという社会的機運がより一層高まることになりました。

⑵ 不動産取引からの暴力団排除の取組み

ア 民間の不動産取引からの排除

不動産は、暴力団にとってその活動拠点として必要になるばかりか、転売等により大きな収入をもたらす資金源ともなりえるものであり、不動産取引からの暴力団排除の必要性は極めて高いものといえます（暴力団排除条例のなかには不動産取引に格別の規制を課しているものもあります。）。そのため、前述した社会的機運が高まる過程においても、例えば、平成23年6月にいわゆる不動産流通4団体が、「不動産取引からの反社会的勢力排除のためのモデル条項」（契約当事者に、暴力団員等反社会的勢力ではないことの表明確約を求めるとともに、契約当事者が暴力団員等の反社会的勢力であることが判明した場合には契約を解除できる旨を規定するもの）を策定し、会員各社に契約書への導入を促進するなど、民間の不動産取引からの暴力団排除の取組みが推進されてきました。

イ 国等が行う公有地売却からの排除

国有地の売却に関しても、「一般競争入札等の取扱いについて（平成3年9月30日蔵理第3603号）」において、国有地を売却するに際し、一定の暴力団関係者には入札参加者の資格を与えず、その者の入札を無効とするなど、契約関係からの暴力団排除が図られています。

また、地方公共団体が行う公有地の売却に関しても、各地方公共団体の定める要綱等により、一定の暴力団関係者が公有地売却の相手方となることがないよう確認するとともに、暴力団排除条項を導入するなどして、契約関係からの暴力団排除が図られています。

このように、政府指針の公表以降、不動産が暴力団の手にわたることのないよう、官民は一体となって不動産取引からの暴力団排除を推進していました。

(3) 不動産競売手続における法の未整備と暴力団による不動産競売利用の実態

ア 不動産競売手続における法の未整備

しかしながら、裁判所の行う不動産競売手続においては暴力団排除の取組みが進まず、今回の法改正までの間、不動産競売における暴力団員の買受け防止のための法整備もなされることがありませんでした。

イ 暴力団による不動産競売利用の実態

平成21年に日本弁護士連合会（以下「日弁連」といいます。）の民事介入暴力対策委員会が暴力団事務所235件の登記情報を調査したところ、うち24件の取得原因が競売又は公売であることが判明しました。

また、警察庁が、平成25年末時点で把握していた暴力団事務所約2300件について登記情報を調査したところ、約210件が競売又は公売を通じて取得されたものであったことが判明しています。

このように、官民一体となった取組みにもかかわらず、暴力団は活動拠点や資金源となる不動産を競売又は公売といった合法的な手段により取得できていた実態が明らかになったのでした。

(4) 日弁連による意見書の公表

このような状況を踏まえ、日弁連は、平成25年6月21日、「民事執行手続及び滞納処分手続において暴力団員等が不動産を取得することを禁止する法整備を求める意見書」を公表し、民事執行手続及び滞納処分手続において、暴力団員等が不動産を買い受けることを禁止する法整備の必要性を説き、それ以後、関係各機関に対して法整備を求める働きかけを粘り強く継続することになりました。

(5) 法整備の実現

そして、平成27年10月、不動産競売からの暴力団排除を含む民事執行手続の当面する課題について、立法に向けた本格的な検討に先立って論点整理と研究を行うことを目的とした「民事執行手続に関する研究会」(一般社団法人金融財政事情研究会が設置したもの。) が設置されると、この研究会における研究テーマの一つとして、不動産競売における暴力団員等の買受け防止の方策が議論されるようになりました。

上記研究会は、平成28年6月、「民事執行手続に関する研究会報告書」をとりまとめ、不動産競売における暴力団員の買受け防止の方策の導入を提言しました。その後、同年11月に法制審議会民事執行法部会が設置され、平成30年10月、民事執行法制の見直しに関する要綱が法制審議会総会で採択されるに至りました。

そして、平成31年2月、上記要綱を踏まえた「民事執行法及び国際的な子の奪取の民事上の側面に関する条約の実施に関する法律の一部を改正する法律案」が国会に提出され、衆参両院での審議の結果、同法律案が令和元年5月10日に可決・成立し、この法整備に向けた日弁連の活動が結実することになりました。

2 暴力団員の買受け防止の方策の概要

⑴ 売却不許可事由

不動産競売における暴力団員等の買受けを防止する方策としては様々なものが考えられますが、改正法においては、最高価買受申出人（自己の計算において最高価買受申出人に買受けの申出をさせた者がいる場合には、その者も含まれます。以下、これと最高価買受申出人と併せて「最高価買受申出人等」といいます。）が「暴力団員等」(暴力団員又は暴力団員でなくなった日から5年を経過しない者。買受けの申出がされた時に暴力団員等であった者も含まれます。）であると執行裁判所が認める場合には、売却不許可決定をしなければならないものとされました (新法71条5号)。

⑵ 「暴力団員等」への該当性に関する調査嘱託

執行裁判所が、最高価買受申出人等が「暴力団員等」に該当するか否かの判断を行うにあたっては、暴力団に関する情報を専門的に収集・管理している警察に対して照会をし、その情報の提供を受けることが合理的です。

そこで、改正法においては、執行裁判所は、原則として（例外については本書94頁参照）、最高価買受申出人等が「暴力団員等」に該当するか否かについて、必要な調査を執行裁判所の所在地を管轄する都道府県警察に嘱託しなければならないものとされました（新法68条の4第1項本文）。

⑶ 買受申出に際しての陳述

さらに、改正法においては、不動産の買受けの申出をしようとする者（以下、自己の計算において買受けの申出をさせようとする者も併せて「買受申出人等」といいます。）は、「暴力団員等」に該当しない旨を陳述しなければ、不動産の買受けの申出をすることができないものとされました（新法65条の2）。

また、陳述すべき事項について虚偽の陳述をした者に対しては、6月以下の懲役又は50万円以下の罰金といった制裁が科されることとなりました（新法213条1項3号）。

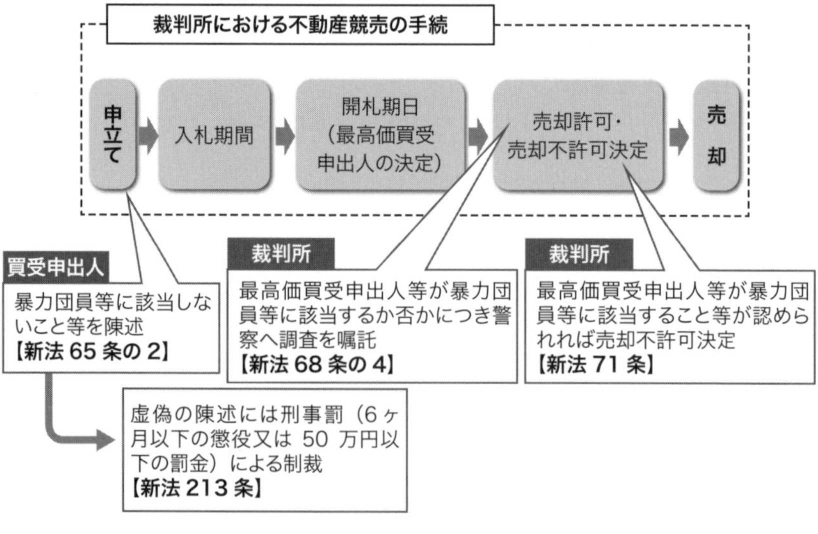

出所：法務省民事局「民事執行法及び国際的な子の奪取の民事上の側面に関する条約の実施に関する法律の一部を改正する法律の概要」を一部改変（http://www.moj.go.jp/content/001293955.pdf）

（荒井　隆男）

2 不動産競売における買受け申出の手続

Q2 不動産競売における買受けの申出の手続は、どのように変わりますか。

ポイント

1　不動産競売の買受けの申出をしようとする者は、最高裁判所規則の定めるところにより、暴力団員等に該当しない旨の陳述をしなければならないことになりました。

2　上記1の陳述について、虚偽の陳述をした場合、6か月以下の懲役又は50万円以下の罰金が科されることになりました。

A

1　改正の概要

(1)　暴力団員等に該当しない旨の陳述

不動産競売の買受けの申出は、次の①、②のいずれにも該当しない旨を買受けの申出をしようとする者（以下、「買受申出人」といいます。）が最高裁判所規則で定めるところにより陳述しなければ、することができないこととなりました（新法65条の2柱書）。

①　買受申出人（その者が法人である場合にあっては、その役員）が暴力団員による不当な行為の防止等に関する法律2条6号に規定する暴力団員（以下、「暴力団員」といいます。）又は暴力団員でなくなった日から5年を経過しない者であること（以下、これらを併せて「暴力団員等」といいます。）

②　自己の計算において当該買受けの申出をさせようとする者（その者が法人である場合にあっては、その役員）が暴力団員等であること。

上記陳述を欠く買受けの申出は、無効となります（部会資料19-2・21頁）。

(2)　改正の趣旨

これは、一般の不動産取引においては、契約当事者が暴力団員等に該当しないことなどを表明・確約する実務が確立していることから、不動産競売における買受けの申出の際にも、競売手続上の行為として、暴力団員等に該当しないことを陳述させることにより、暴力団員等の買受けを防止しようとするものです（部会資料19−2・19頁〜21頁参照）。

⑶ 陳述の主体

陳述の主体は買受申出人ですが、法定代理人があるときは当該法定代理人（成年後見人等）、その者が法人であるときはその代表者（代表取締役等）となります（新法65条の2柱書）。

⑷ 陳述の内容

前記のとおり、買受申出人及び自己の計算において（その意義については後記**本章Q4**を参照。）買受けの申出をさせようとする者（以下、併せて「買受申出人等」といいます。その者が法人であるときは、その役員）が暴力団員等に該当しないことを陳述しなければなりません。

暴力団員のみならず、暴力団員でなくなった日から5年を経過しない者に該当しないことも陳述の対象とされていますが、これは暴力団員の形式的な離脱による規制の潜脱を封ずるという効果を期待しただけでなく、元暴力団員が暴力団を離脱した後も暴力団との間に何らかの関係を継続している蓋然性があると考えられることによります（部会資料16−1・16頁）。

また、暴力団員等による買受けを制限したとしても、暴力団員等が、自己の計算において、第三者に買受けの申し出をさせるといったことを許してしまうと、暴力団への不動産の供給源を断つという目的を達することができません（中間試案補足説明34頁参照）。そこで、自己の計算において買受けの申出をさせる者がある場合には、当該者が暴力団員等に該当しない旨を陳述することが必要とされました。

2 陳述の方法

⑴ 従前の制度

執行裁判所が警察への照会をするためには、最高価買受申出人の人定事項として、少なくとも、氏名、その振り仮名、生年月日及び性別を示す必要がある等、当該照会に必要となる事項に係る情報の提供を受けなければなりません。従前の制度では、入札書に買受けの申出をしようとする者の氏名・名称及び住所を記載しなければならないとされていますが（民執規38条2項、49条）、氏名の振り仮名、生年月日及び性別といった記載は必要とされていません（部会資料10–2・20頁）。

また、法人が買受けの申出をしようとする場合における当該法人の役員の住所については、同様の規律が設けられていません（中間試案補足説明38頁）。

さらに、従前の制度では、売却許可決定書の表示の正確性を担保するため、買受申出人は、住民票の写し等を執行官に提出するものとされていますが（新規則38条6項、50条4項、民執規49条）、これは、任意の協力を求める規定とされています（部会資料10–2・20頁）。

⑵ 陳述の方法と提出書類

そこで新法は、買受申出人は、陳述に際して、次に掲げるア及びイの各書類を提出しなければならないものとしました（新規則31条の2第1項）。

ア　次に掲げる事項を記載し、買受申出人（法定代理人がある場合にあっては当該法定代理人、その者が法人である場合にあってはその代表者）が記名押印した陳述書

①　買受申出人等が個人であるときは、氏名（振り仮名を付す。）、住所、生年月日及び性別

②　買受申出人等が法人であるときは、名称、住所、その役員の氏名（振り仮名を付す。）、住所、生年月日及び性別

③　買受申出人等（その者が法人である場合にあっては、その役員）が暴力団員等に該当しないこと。

イ　買受申出人が個人であるとき（自己の計算において買受申出人に買受けの申出をさせようとする者がある場合、その者が個人であるときも同様）は、その住民票の写しその他のその氏名、住所、生年月日及び性別を証するに足りる文書

上記アの書類の提出が必要とされたのは、執行裁判所は、最高価買受申出人及び自己の計算において買受けの申出をさせた者があると認める場合には、その者（以下、併せて「最高価買受申出人等」といいます。）について暴力団員等に該当するか否かについて警察に調査の嘱託をしなければならないことから（新法68条の４第１項本文、同条２項本文）、陳述書に調査の嘱託に必要な事項の記載を求めたことによります。

また、正確性を担保するために、買受申出人等が個人である場合には住民票の写し等の提出を求めることとなりました。

⑶ 任意の提出書類

最高価買受申出人等（その者が法人であるときは、その役員）が最高裁判所規則で定める指定許認可等を受け、事業を行っている場合には、警察への調査の嘱託を要しないものとされています（新法68条の４第１項但書、同条第２項但書、新規則51条の7）。そして、最高裁判所規則の定める指定許認可とは暴力団員等に該当しないことが法令において許認可等の要件とされている宅地建物取引業者が想定されています（詳細については後記本章**Q3**参照）。

そこで、買受申出人が宅地建物取引業の指定許認可を受けている場合、そのことを証する文書の写しを提出することができ（新規則31条の２第２項）、同文書が提出された場合には、警察への調査の嘱託を要しないこととされました。なお、当該文書の写しの提出はあくまでも任意です。

⑷ 陳述書等の提出が必要となる場面

新法65条の２の陳述は、期間入札における入札（民執規49条、新規則38条7項）、期日入札おける入札（新規則38条7項）、競り売りにおける買受けの申出（新規則50条４項）及び特別売却における買受けの申出（新規則51条9項）の場合に必要とされます。

また、差押債権者による無剰余回避のための買受けの申出（民執法63条2項1号、新規則31条の2）及び保全処分の申立てをした差押債権者による買受けの申出（民執法68条の２第2項、その方式につき新規則51条の4）についても不動産の買受けの申出に該当し、陳述が必要となると考えられます。

3　虚偽陳述時の罰則

新法213条1項3号は、新法65条の2の規定により陳述をした買受申出人等が虚偽の陳述をした場合、6か月以下の懲役又は50万円以下の罰金を科す旨を定めています。

これは、真実は暴力団員等であるにもかかわらず、故意により虚偽の陳述をすることは、執行裁判所の判断を誤らせる可能性を生じさせ、適正な民事執行手続の実施を妨げ得る行為であると評価されることから、これに制裁を科すことによって、そのような行為を抑止しようとするものです（部会資料16-1・6頁）。

また、暴力団員等が虚偽陳述を行い、その結果買受けに至った場合には、詐欺罪（刑法246条1項）又は強制執行関係売却妨害罪（刑法96条の4）が成立し得るものと解されます（後記本章**Q4**参照）。

（依田　竜典）

3 暴力団員による買受けの制限

Q3 **裁判所は、どのようにして暴力団員の買受けを制限するのですか。**

ポイント

1 執行裁判所は、最高価買受申出人等（それらの者が法人である場合にあっては、その役員）が、暴力団員等に該当するか否かについて、必要な調査を警察に嘱託しなければならないものとされました。

2 同調査嘱託その他の証拠調べの結果、最高価買受申出人等が、暴力団員等（買受けの申出がされた時に暴力団員等であった者を含む。）に該当する場合、執行裁判所は、売却不許可決定をしなければならないこととされました。

A

1 不動産競売における期間入札の手続

不動産競売における期間入札の手続の流れは、おおむね、①買受けの申出をしようとする者が入札書を執行官に提出する方法により入札をし、②執行官が開札期日において有効な入札をした者の中から最高価買受申出人を決定し、③執行裁判所が売却決定期日において売却の許可・不許可を判断するというものです（中間試案補足説明・35頁）。そして、執行裁判所による売却許可決定が確定した買受人は、裁判所書記官の定める期限までに、代金を納付することで、競落不動産の所有権を取得することになります（民執法78条1項、79条）。

買受け申出時に、暴力団員又は暴力団員でなくなった日から5年を経過しない者（以下「暴力団員等」といいます。）に該当しないこと等を買受申出人に陳述させ、虚偽の陳述には刑事罰を科すことで、暴力団員等による入札を抑止することができますが（前記本章**Q2**参照）、それでも暴力団員等による最高価での入札がなされた場合には、当該暴力団員等が不動産を落札してしまう可能性があります。

そこで、不動産競売における暴力団員等の買受けを防止するため、以下の手続が新設されました。

2 最高価買受申出人等についての警察への調査嘱託

(1) 最高価買受申出人について

執行裁判所は、最高価買受申出人（その者が法人である場合にあっては、その役員）が暴力団員等に該当するか否かについて、必要な調査を執行裁判所の所在地を管轄する都道府県警察に嘱託しなければならないものとされました（新法68条の4第1項）。

なお、当該照会は、執行裁判所が買受けの申出について売却不許可事由が認められるのかを判断するための資料を得るもの（証拠調べ）と考えられることに照らし、その法的性質は調査の嘱託（民執法20条、民事訴訟法186条）として位置付けられています（部会資料16‒1・11頁）。

警察は、暴力団情報について法令に基づき厳格に管理する責任を負っている一方で、事業者等が一定の場合に取引等の相手方が暴力団員等に該当するかどうかを確認するために部外へ提供することにより、暴力団による危害を防止し、暴力団員等を各種取引から排除する仕組みを構築しています。そして、「提供することができる情報の内容及びその手続が法令により定められている場合」には、同法令上の手続に従い情報提供を行うこととされているところ（警察庁刑事局組織犯罪対策部長「暴力団排除等のための部外への情報提供について」（平成31年3月20日警察庁丙組組企発第105号、丙組暴発第7号））、執行裁判所による調査の嘱託に対する警察の回答も、同通達に基づき実施されることになります。

(2) 自己の計算において最高価買受申出人に買受けの申出をさせた者について

また、執行裁判所は、自己の計算において最高価買受申出人に買受けの申出をさせた者（以下「最高価買受申出人」と併せ、「最高価買受申出人等」といいます。）があると認める場合には、当該買受けの申出をさせた者（その者が法人である場合にあっては、その役員）が暴力団員等に該当するか否かについても、必要な調査を執行裁判所の所在地を管轄する都道府県警察に嘱託しなければならないものとされました（新法68条の4第2項、「自己の計算」の意義について後記本章**Q4**参照）。

⑶ 調査嘱託義務の例外

上述したとおり、執行裁判所は、原則として最高価買受申出人等（その者が法人である場合にあっては、その役員）が暴力団員等に該当するか否かの調査の嘱託をしなければなりません。

もっとも、最高価買受申出人等が暴力団員等に該当しないと認めるべき事情があるものとして最高裁判所規則で定める場合には、例外的に調査の嘱託を不要とする旨定められました（新法68条の4第1項但書、同条2項但書）。これは、最高価買受申出人等が暴力団員等に該当すると認められないと判断される事情があるときは、警察への照会をする必要性を欠くものと考えられることから、これを行わずに（他に売却不許可事由がない限り）売却許可の判断をすることが合理的であるとの考え方に基づくものです（中間試案補足説明・39頁）。

そして、同規則において定められている最高価買受申出人等が暴力団員等に該当しないと認めるべき事情がある場合とは、最高価買受申出人等が、指定許認可等を受けて事業を行っている者である場合です（新規則51条の7第1項及び同2項）。

「指定許認可等」とは、許認可等（行政手続法2条3項に規定する許認可等をいう。）であって、当該許認可等を受けようとする者（その者が法人である場合にあっては、その役員）が暴力団員等に該当しないことが法令（行政手続法2条1号に規定する法令をいう。）において当該許認可等の要件とされているもののうち最高裁判所が指定するものとされています（新規則51条の7第3項）。そして、最高裁判所により「指定許認可等」の指定がなされた場合には、官報により告示されることになります（新規則51条の7第4項）。

上記要件を満たす場合に警察への調査の嘱託が不要であると考えられ

るのは、法令の規定により許認可等を受けて事業を営んでいる者については、当該法令において、その者（その者が法人であるときはその役員）が暴力団員等でないことを当該許認可等の基準として定めている場合があり、そのような許認可等を受けて事業を営んでいる者については、その者（その者が法人であるときはその役員）が暴力団員等でないことが担保されているからです。

もっとも、どのような許認可等があればこれに当たるかについては、具体的には、行政庁が許認可等をする際の運用の実情を踏まえた機動的な指定が必要であると考えられますので、最高裁判所が指定することとされています。なお、本稿脱稿時点では、同指定はなされていませんが、宅地建物取引業者（宅地建物取引業法3条1項、5条1項7号）が想定されています（部会資料20–2・12頁、中間試案補足説明・38頁、平成31年4月25日参院法務委員会における小野瀬厚政府参考人答弁）。

また、買受申出人及び自己の計算において買受申出人に買受けの申出をさせようとする者が、当該許認可等を受けて事業を行っている者に該当するときは、暴力団員等に当たらない旨の陳述をするに際し、その者が当該許認可等を受けていることを証する文書の写しの提出を求めることとされています（新規則31条の2第2項1号及び同2号。詳細については前記本章**Q2**参照）。

⑷ 執行裁判所に求められる対応

執行裁判所は、最高価買受申出人等が暴力団員等に該当しないと認めるべき事情があるものとして最高裁判所規則で定める場合に該当する場合には、調査嘱託義務は課されないことになります。

もっとも、暴力団員が、宅地建物取引業者を介して入札することも想定されますので（「民事執行法の改正に関する中間試案」に対して寄せられた意見の概要・49頁）、最高裁判所規則に定める例外事由に該当する場合であっても、売却不許可事由に該当するとの疑義がある場合には積極的に照会を実施し、売却不許可事由の有無を判断するための調査をすべきであると考えられます。

3　売却不許可決定

(1)「暴力団員等」該当時の売却不許可決定

不動産競売における暴力団員の買受けを防止するため、執行裁判所は、最高価買受申出人等が、次の①及び②に該当する場合には、売却不許可決定をしなければならないこととされました（新法71条5号）。なお、買受けの申出時と売却許可決定期日のいずれかの時点において暴力団員等に該当すれば、売却不許可事由に該当するものとされています（部会資料20-2・13頁）。

① 暴力団員等（買受けの申出がされた時に暴力団員等であった者を含む。）

② 法人でその役員のうちに暴力団員等に該当する者があるもの（買受けの申出がされた時にその役員のうちに暴力団員等に該当する者があったものを含む。）

このように、買受申出人（又はその役員）につき暴力団員等に該当しないことの陳述をさせることにより暴力団員等の買受けの申出それ自体を抑止するのみならず（前記本章**Q2**参照）、執行裁判所による警察への調査嘱託その他の証拠調べの結果、最高価買受申出人等が暴力団員等であることが判明した場合には、執行裁判所が売却不許可決定を出すことによって、暴力団員等による不動産の買受けを防ぐことになります。

(2) 売却許可又は不許可の決定に対する不服申立

売却の許可又は不許可の決定に対しては、その決定により自己の権利が害されることを主張するときに限り、執行抗告をすることができます（法74条1項）。この「自己の権利が害される」とは、自己の法律上の利益を害される可能性があることを要すると解されています。

そして、最高価買受申出人は、売却不許可決定により買受人となるべき法的な地位を失うこととなるため、売却不許可決定に対し、売却不許可事由の不存在を主張して執行抗告をすることができますが、これは暴力団員等であることを理由とする売却不許可決定に対しても同様であると考えられています（部会資料8-1・9頁）。

なお、債務者等が、売却許可決定に対し、最高価買受申出人が暴力団員等である旨を主張して執行抗告を行う等、新たな執行妨害の手段として悪用されてしまうのではないかという懸念があります。この点について部会においては、債務者等には抗告の利益がないという解釈が示されています（部会資料8-1・8頁）。

（山根　航太）

4 暴力団員による潜脱行為への対策

Q4 **暴力団員が、他人の名義で買受けの申出を行うなどの潜脱行為に対しては、どのような対策がとられていますか。**

ポイント

1　自己の「計算において」最高価買受申出人に買受けの申出をさせた者が暴力団員等に該当する場合にも、売却不許可事由となります。この自己の「計算において」の概念は広範であり、暴力団員が他人の名義で買受けの申出を行うなどの潜脱行為は広く防止されています。

2　暴力団員が、自ら又は自らの計算において買受けの申出を行ったような場合、虚偽陳述に対する罰則、詐欺罪、強制執行関係売却妨害罪等の刑事罰の対象となり得ます。

A **1　自己の「計算において」最高価買受申出人に買受けの申出をさせた者が暴力団員等に該当する場合**

⑴　趣　旨

暴力団員又は暴力団員でなくなった日から５年を経過しない者（以下「暴力団員等」といいます。新法65条の２第１号）、またその役員のうちに暴力団員等に該当する者がある法人が最高価買受申出人となった場合、売却不許可事由に該当し（新法71条５号）、売却は不許可となります。

もっとも、暴力団員等による買受けを制限したとしても、暴力団員等が、暴力団員以外の関係者を利用して不動産を入手することを防止することができなければ、暴力団への不動産の供給源を断つという目的を達成することはできません（中間試案補足説明・34頁）。

そこで、自己の計算において最高価買受申出人に買受けの申出をさせた者が、暴力団員等又はその役員のうちに暴力団員等に該当する者がある法人に該当する場合も売却不許可事由とされました（新法75条５号）。

⑵ 自己の「計算において」の意義

自己の「計算において」の意義については、現行の民事執行法71条3号及び4号[1]に関する以下の解釈が、そのままあてはまるものと考えられています。

民事執行法71条第3号は、「最高価買受申出人が不動産を買い受ける資格を有しない者の計算において買受けの申出をした者であること」を売却不許可事由としています。これは、一般的には、買い受ける資格を有しない者が資金を出捐して他人に買受けの申出をさせるなどして、不動産を買い受ける資格を有しない者が実質上不動産の取得者となることを防止する（同条2号[2]の潜脱行為を防止する）ことを意図したものであり、したがって、同条3号の「計算において」とは、経済的実質に着目した概念であって、不動産を買い受ける資格を有しない者に、不動産の取得に係る経済的損益が帰属していることを意味するものと解されています。また、同条4号の「計算において」についても同様に解されています（部会資料13-2・3頁以下）。

新設される同条5号の「計算において」についても、上記解釈が妥当するものと考えられ、典型的には、暴力団員が売却代金の出捐者となり、暴力団員ではない者に買受けの申出をさせ、実質上、暴力団員が不動産を取得したと評価し得るような場合がこれに該当し得るものと考えられます（中間試案補足説明・34頁）。

⑶ 自己の「計算において」に該当する例

また、以下のような事例についても、個別の事案による判断にはなりますが、暴力団員ではないBないしCが暴力団員Aの「計算において」

1　最高価買受申出人、その代理人又は自己の計算において最高価買受申出人に買受けの申出をさせた者が次のいずれかに該当すること。
イ　その強制競売の手続において第65条第1号に規定する行為をした者
ロ　その強制競売の手続において、代金の納付をしなかつた者又は自己の計算においてその者に買受けの申出をさせたことがある者
ハ　第65条第2号又は第3号に掲げる者

2　最高価買受申出人が不動産を買い受ける資格若しくは能力を有しないこと又はその代理人がその権限を有しないこと。

買受けの申出をしたと評価され得るものと考えられます（部会資料13-2・3頁以下、平成31年4月25日参院法務委員会における松下淳一参考人答弁）。

① 暴力団員Aが暴力団員ではないBに買受けの申出をさせ、Aが代金の納付期限までに代金を出捐してBが買受人となり、その後、AがBから不動産を取得することが合意されていたような場合

② 暴力団員Aと暴力団員ではないBとの間で、Bが不動産の買受けの申出をして実際に買受人となった際には、AがBから当該不動産を、Bにより執行裁判所に納付された代金額と同程度の金額で購入するとの合意がある場合

③ 暴力団員Aと暴力団員ではないBとの間で、Bが不動産の買受けの申出をして実際に買受人となった際には、AがBから当該不動産を、Bにより執行裁判所に納付された代金額よりも高い金額で購入するとの合意がある場合

④ 暴力団員Aが、競売代金に相当する資金を出資して、暴力団員ではないBを代表取締役とする会社Cを設立し、Cが買受けの申出を行う場合

このように、「計算において」の概念は広範であり、暴力団員が他人の名義で買受けの申し出を行うなどの潜脱行為は、広く防止されることとなります。

2 虚偽陳述時の罰則

不動産の買受けの申出をしようとする者は、自らが暴力団員等に該当しない旨（自己の計算において買受けの申し出を行う者がいる場合には当該者についても同じ）の陳述をしなければ、不動産の買受けの申出をすることはできません（新法65条の2柱書、本章**Q2**参照）。

そして、この陳述に虚偽があった場合、6か月以下の懲役又は50万円以下の罰金に処されることになります（新法213条1項3号）。

3 その他の刑事罰成立の可能性

(1) 詐欺罪（刑法246条1項）

暴力団員等が、競売手続において、宣誓の上で、暴力団員等ではないとの陳述をして不動産の買受けの申出をし、執行裁判所が当該買受けの申出をした者を最高価買受申出人として売却許可決定をし、代金が納付されて当該買受けの申出をした者が当該不動産を買い受けたときには、個別具体的な事案の内容によるところではありますが、詐欺罪が成立し得ます（部会資料16−1・7頁）。

(2) 強制執行関係売却妨害罪（刑法96条の4）

また、本改正において、暴力団員等が売却許可決定を受けることができないことが明記されている以上、暴力団員等が暴力団員等であることを秘して買受け申出をした場合や、自己の計算において他人名義で買受けをした場合、こちらも個別具体的な事案の内容によるところではありますが、偽計を用いて、強制執行において行われる売却の公正を害すべき行為をしたとして、強制執行関係売却妨害罪が成立し得ます（部会資料16−1・7頁）。

この点について、刑法旧96条の3第1項の競売入札妨害罪の成否について判断したものになりますが、債務者に対する貸付債権等の担保として根抵当権を設定していた土地について、同土地を目的とする不動産競売開始決定がなされ、裁判所において、期間入札の方法による売却実施処分がなされることになったところ、債務者が自身の長男の名義で買受けの申出を行い、同裁判所に長男に対する売却許可決定をさせた事案について、民事執行法68条[3]が、債務者による買受けの申出を禁止している趣旨に照らし、「債務者が自己の計算において競売手続に参加すること自体が許されないものであり、公の競売又は入札が公正に行われていることに対し、その公正に正当でない影響を与える行為といえる」とし、当該債務者に競売入札妨害罪が成立すると判断した裁判例が参考

3 債務者は、買受けの申出をすることができない。

になります（京都地判平成21年6月15日判例秘書登載）。

4　暴力団排除条例における規制

各都道府県が定める暴力団排除条例では、暴力団員による他人名義の利用を禁止しており（以下「名義貸し禁止規制」といいます。）、暴力団員が他人名義を利用した場合には、名義を貸した者も含め、勧告・公表の対象となるものとされています（例えば、東京都暴力団排除条例25条[4]、27条、29条1項6号）。そのため、暴力団員が買受けの申し出に際して名義借りをしたと評価される場合には、名義貸し禁止規制により、名義を貸した者も含め、勧告・公表の対象となり得ます。

また、各都道府県が定める暴力団排除条例では、事業者による暴力団に対する便益の提供等を禁止しているところ（以下「利益提供禁止規制」といいます。例えば、東京都暴力団排除条例24条3項[5]、27条、29条1項4号）、競売手続により不動産を買い受けた事業者が、その受取の相手方が暴力団員であることを知りながら、当該不動産を暴力団員に譲渡したような場合には、利益提供禁止規制により、勧告・公表等の対象となり得ます。

5　潜脱行為を防止するために

不動産競売手続の性質上、執行裁判所において売却不許可事由の存在を把握することができずに売却許可決定がなされ、同決定が確定してしまった場合、手続を履滅させて買い受けを取り消すことは極めて困難であると考えられます。

4　暴力団員は、自らが暴力団員である事実を隠蔽する目的で、他人の名義を利用してはならない。2　何人も、暴力団員が前項の規定に違反することとなることの情を知って、暴力団員に対し、自己の名義を利用させてはならない（東京都暴力団排除条例25条）」。

5　事業者は、第1項に定めるもののほか、その行う事業に関し、暴力団の活動を助長し、又は暴力団の運営に資することとなることの情を知って、規制対象者又は規制対象者が指定した者に対して、利益供与をしてはならない。ただし、法令上の義務又は情を知らないでした契約に係る債務の履行としてする場合その他正当な理由がある場合には、この限りでない（東京都暴力団排除条例24条3項）」。

したがって、万が一、潜脱行為がなされた場合には、虚偽陳述罪、詐欺罪及び強制執行妨害罪等の刑事罰や、暴力団排除条例の規制を厳正に適用することによって、不動産競売における暴力団員等の買受け防止の実効性を確保・維持することが望まれます。

（山根　航太）

第4章

子の引渡しに関する強制執行

Q&A

1 子の引渡しの強制執行制度の制定背景

Q1 子の引渡しの強制執行に関する制度について、今回、制定が必要とされた背景事情を教えてください。

ポイント

明文規定がない中で実務的には子の引渡しの執行がなされていたことから、法的根拠の薄弱さが指摘され、子の利益を配慮した明文の規定の必要性が長く叫ばれていました。ハーグ条約実施法による子の引渡しの執行規定の明文化とその適用が開始されていたことも契機となりました。

A

1 子の引渡しが問題になる場面

子の引渡しが問題となるのは、一方の親のもとで監護・養育されている子を、他の親（別居親）が監護・養育することを希望する場合です。（具体的な手続については、本章**Q3**をご参照ください。）

別居親は、司法手続を通じてその子を監護・養育している親（同居親）に対して子の引渡しを求め、別居親への子の引渡しを命ずる裁判がなされると、同居親が任意で子を引き渡さない限り、子の引渡しを求める裁判の強制執行が必要となります。最も多い事例は、家事審判における審判前の保全処分として「A子を引き渡せ」という決定がなされる事案です。

今般の改正法の施行まで、わが国には、子の引渡しの強制執行についての明文の定めは、国内事件に関してはありませんでした。しかし、現実には子の引渡しの直接強制は実務上、行われていました。しかし、そもそも子には人格があるので執行はできないという考えすらあり得、間接強制のみが認められるという立場もありました（本章**Q4**をご参照ください）。つまり、法的根拠は明確ではないまま、実務上は、子についての引渡し執行がなされていたのです。

2 改正前の子の引渡しの執行実務の根拠

⑴ 動産執行における給付

執行に関して明文規定がある「動産の引渡し」では、動産の現実の支配（直接占有）を義務者から権利者へと移転する内容の給付として理解されており、その法的根拠は、所有権にもとづく返還請求権とか契約にもとづく引渡請求権です。

⑵ 動産執行の準用

そして、子の引渡しの執行は、動産引渡執行に準じて行われてきました。動産引渡しは、執行官が債務者から目的動産を取り上げて債権者に引き渡す方法で行われ、執行官は、債務者の住所やその占有する場所に立ち入ったり、必要であれば解錠を解錠技術者にさせることもでき、債権者は執行場所に出頭する必要がありません。また、動産執行では民事執行法6条1項が適応され、執行を確保する職責を有する執行官は、抵抗を排除するための威力を行使し、警察上の援助を求めることができます。

⑶ 子の引渡しの執行の根拠

直接強制ができる根拠は、動産引渡に関する法令の準用とするとしても、執行官の職務（裁判所法62条3項、執行官法1条により規定）について明文では認めていない職務を執行官が執行し、しかも、財産権を対象にすることが想定されている法令を、子という人格に対する執行しておいて準用することになります。よって法的に根拠は薄弱であるという点は、否めません。

実体法の観点でも、子を監護・養育する親は、子を現実に支配できるものではなく、人格を有する子を同居親が支配しているというように考えることは適切ではありませんし、引渡しを求める別居親にも子を支配する権利が裁判によって付与されているわけでもありません。このように明文で親に引渡請求権が認められていないものの、大審院の時代から、子の引渡しが一定の親には認められ、親権（民法818 条以下）や監護権にもとづく妨害排除請求であるとの立場で運用がなされ、次第に二人の親の間での子の奪い合いの場合には、ほとんどが家庭裁判所の家事事件として扱われるようになってきたという経緯です。このように、実体法からも子の引渡しが認められる根拠は明確ではなく、問題をはらんでいることについては、**本章Q2**もご参照ください。

3 現実の執行と実務上の工夫

(1) 現実の執行で直面する問題

動産の場合、対象物の形状・性質によって具体的な執行の手順は異なるにせよ、執行の場で、方法選択に迷うことはあまりないでしょうが、子の引渡しの場合、いかにしてその強制的な実現を図ることができるかは、一義的ではなく、困難な問題をはらみます。子の人格と人権を尊重しつつどのような執行方法が許されるのか、執行官がなすべき方法選択という問題が難問であるのは、想像に難くないことです。

通常、引渡しを命じられた債務者本人は愛情をもって子を監護しており、子と債務者の間にはこれまでの監護による情緒的関係が構築されているでしょうから、その情緒的関係を破壊するような行為が、現実の執行では必要になってきます。さらに、債務者本人は引き渡すという裁判そのものが間違っているという信念をもっており、執行において抵抗する可能性もあり得、子の方も情緒的関係から執行の場では泣いて抵抗することもあり得ます。

子の執行の場合、それが子と債務者の関係の終焉ではなく、面会交流によるその後の継続的な関係構築も予定されています。その観点からの配慮も必要です。

執行の実務家からは、早期の立法が必要とされながらも、立法がされない中で長年、存在する制度を準用しつつ執行方法については、実務的工夫が積み重ねられてきました。子という生身の人間を相手にする執行であるので、子への心身の配慮が必要であり、子の心身への悪影響を考えて、執行場所の工夫がなされたり、債権者を同行させたり、執行官は子を追いかけたり子の抵抗を物理的に排除したり子の手を引っ張って同居親から引き離そうとすることは許されないとされるなどの工夫がされてきましたが、明文規定がない中での執行は執行官が裁量で判断するべき事項が多く執行官への負担が大きいという問題がありました。

⑵ 実務上の工夫

現実の執行の場面では、法の要請はないものの債務者を執行官が説得することが多く、それでも債務者が拒絶して解錠しないような場合には執行不能となったり、債務者によって子が隠されているために執行不能となったり、通学している学校の学校長等からの引渡しを目指したが協力を得られず執行不能となるようなことも多かったようです。執行官の職務ではないとされている「債務者の説得」による執行や債務者のいない通学途中などで子を確保しての執行によって、目的を達成できた事例もありました。

執行方法については、子への負担を最小とするために、事前準備として家庭裁判所調査官の調査報告書を担当執行官が入手し、必要に応じて調査官との事前ミーティングをする等の協働体制が構築され、子の状況を執行官が知るように努力してきた裁判所が多いようです。

4 ハーグ条約実施法の制定

人の移動や国際結婚の増加に伴い、一方の親による子の連れ去りや監護の権利をめぐる紛争において国際裁判管轄がどうあるべきかが問題となり、「ハーグ国際私法会議」が1980年10月25日にハーグ条約を締結しています。この条約では、国境を越えた子の不法な連れ去りや留置があった場合、子を元の居住国（常居所地国）に迅速に返還することを原則とし、そのための手続について定めるとともに、国境を越えた親子の接触の権利の保護を確保するための手続等について定めています。

同条約で締結国に課された義務を実施するために、2013年6月12日、ハーグ条約実施法が成立し、条約の実施において中心的役割を担う中央当局を指定し、中央当局が行う子の返還に関する援助等について定めました。

我が国で最初の子の引渡しの執行に関する明文規定が定められたのです。もちろん、ハーグ条約実施法の規定は、国内の子の引渡しの強制執行の実務に適用はされないのですが、これまでの国内での引渡しが現場での運用の工夫に頼っていたこと、ハーグ条約実施法は国内の実務の工夫を引き継ぎながら新たな工夫もしていること、ハーグ条約実施法との整合性のある形での国内の子の引渡しが望ましいこと等から、ハーグ条約実施法のような明文の規律で国内の子の引渡しについても定め、安定した運用と実効性の確保をするべきであるという機運が高まりました。

5　明文化まで

民事執行法は昭和54年に制定され平成15年及び平成16年に、全般的な見直しが行われています。今般は、制定への機運が高まった子の引渡しの強制執行のみならず、財産開示手続等の見直しが必要とされていた事項も含め、民事執行手続の課題について、新たな立法に向けた本格的な検討の前に、関係する様々な論点を整理し、規律の在り方等を研究するため、山本和彦一橋大学大学院法学研究科教授を座長として研究会が平成27年に発足し平成27年10月から平成28年6月まで合計8回の会議が開催されました。これには、民事手続法や民法に精通した学者と実務家が参加し、この会議で議論が重ねられ、その検討結果の取りまとめとしての報告書が、民事執行手続に関する研究会報告書として公表されました。

そして、部会ではさらに具体的な規律について議論がなされ、今般の改正法となったものです。

子の引渡しの執行については、明文規定を新設することとし、ハーグ条約実施法と対比しつつ国内における強制執行の規律を整備する方向で審理がなされましたが、さらに、ハーグ条約実施法の問題点も同時に審理されました。

そして、子どもについての執行であるという点の特殊性に鑑みて、「子の福祉」に十分な配慮をすることを前提に、債務名義の内容を確実に実現することが目指されました。その結果、ハーグ条約実施法も制定される国内法に合わせた改正がなされることになりました。

（松野　絵里子）

2 現行法の主な問題点

Q2 子の引渡しに関する現行法の主な問題点を教えてください。

ポイント

1　子の引渡しを実現する裁判手続としては、民事訴訟、人身保護請求訴訟、家事調停ないし審判があり得ますが、現在では、家事調停ないし審判がもっぱら利用されています。
2　現行の民事執行法には、子の引渡しの強制執行に関する明文の規定がありません。現在の執行実務は動産の引渡しに関する直接執行の規定（民執法169条1項）の類推適用により運用されていますが、この福祉への配慮の必要性等、子の引渡しの特殊性から、明確な規律を整備すべきであると指摘されていました。
3　国際的な子の返還に関して規律しているハーグ条約実施法は、現行の民事執行法と異なる規律をしています。そこで、間接強制前置（ハーグ条約実施法136条）、いわゆる同時存在の原則（同法140条3項）、執行場所（同法140条1項）等について国内の手続でも採用すべきかが問題となりました。

A

1　はじめに

現行の民事執行法には、子の引渡しの強制執行に関する明文の規定がありません。これに対しては、子の引渡しを命じる判決の実効性を確保するとともに、子の福祉に対して十分な配慮をするという観点から、明確な規律を整備すべきであるとの指摘がなされてきました。

そこで、まず子の引渡しを求める裁判手続の枠組みを確認し、現行法における子の引渡請求の強制執行方法を検討したうえで、近時制定されたハーグ条約実施法との平仄という観点から問題点を概観します。

2　子の引渡しを求める裁判手続

(1)　裁判手続の３類型

子の引渡しを求める裁判手続としては、基本的に、①民事訴訟において、親権又は監護権に基づく妨害排除請求として子の引渡しを求める民事訴訟、②人身保護法に基づいて子の救済を請求する人身保護請求訴訟（同法２条）、③家事事件手続法に基づき、子の監護についての相当な処分として、又は親権者若しくは監護者の指定・変更の審判に付随して子の引渡しを求める家事審判（同法171条、154条３項）の３類型があります（部会資料４・１頁（注）。詳細は**本章Q3**参照。）。

(2)　裁判手続の変遷

上記３類型は、年代的にほぼ①民事訴訟→②人身保護請求訴訟→③家事審判の順序で「排他的又は併行的に」採用されてきたと指摘されています（梶村太市『裁判例から見た「子の奪い合い」紛争の調停・裁判の実務』（日本加除出版、2015年）はしがき１頁、321頁）。

すなわち、戦前の明治民法の時代は、子の引渡しを請求するには民事訴訟を利用するしかありませんでした。戦後、日本国憲法のもとで人身保護法が制定されると、迅速処理と早期執行の可能性の高さから、子の引渡請求に人身保護請求が広く利用されるようになりました。しかし、人身保護請求は緊急の暫定的な手段であり、家裁調査官などの調査がないまま、短い審理期間の間に、子どもの幸福につながる判断をするのは困難だと指摘されていました。そこで、昭和55年に明文で審判前の保全処分に執行力が認められたことを受けて、人身保護請求は、拘束開始の違法性が高かったり、拘束者が虐待したりしている等、違法性が極めて高い場合に限定したほうがよいと考えられるようになりました。その契機となったのが、婚姻中の夫婦間における子の引渡請求は人身保護手続ではなく家庭裁判所の諸手続によるべきとした最判平成５年10月19日民集47巻８号5099頁の可部恒雄裁判官の補足意見です。さらに、離婚前の共同親権者間の子に関する人身保護請求が認容されるのは、「他方の配偶者に監護されることが一方の配偶者による監護に比べて子の幸福に反することが明白である」場合に限るとした明白性の要件を要求した最判平成6年4月26日民集48巻3号992頁が出ると、人身保護請求が利用されることはさらに少なくなりました。

(3) 子の引渡しを実現する裁判手続の現状

現在の実務では、子の引渡しをめぐる紛争は、本来、家庭裁判所の守備範囲に属し、人身保護請求による救済は、家事審判または審判前の保全処分が功を奏しない場合にのみ補充的に活用されるとされています。実際、最高裁は、父親が親権に基づく妨害排除請求権に基づいて民事訴訟を提起した事案において、家事事件手続では子の福祉に対する配慮がなされていることから、妨害排除請求として子の引渡しを求める合理的理由はうかがわれず、権利の濫用に当たると判示しています（最決平成29年12月5日判時2365号67頁）。

3 子の引渡請求権の法的性質と執行方法

(1) 金銭の支払を目的としない請求権の執行方法

民事執行法は、金銭の支払を目的としない請求権についての強制執行（非金銭執行）に関し、「与える債務」では直接強制の方法により（民執法168条、169条、新法170条）、代替的な作為・不作為義務のような「為す債務」では代替執行の方法により（民執法171条）、不代替的な作為・不作為義務では間接強制の方法によることとして（民執法172条）、請求権の性質に応じて異なる強制執行の方法を用意しています。このほか、非金銭執行に関しては、直接的な強制執行である直接強制や代替執行が可能なときであっても、間接強制の方法を選択することもできるとされています（民執法173条）。

したがって、現行法の解釈論としては、子の引渡しの強制執行においては、間接強制の方法によることは可能ですが、これに加えて、直接的な強制執行によることができるか否かが問題となり、この点を検討するにあたり、子の引渡請求権の法的性質を検討する必要があることになります（部会資料4・2頁）。

(2) 子の引渡請求権の法的性質

子の引渡しを求める請求権の性質については、古い大審院の判例には、子に対する支配が可能であることを理由に、子の占有移転を求める引渡請求権であると解するものがありました（大判明治34年9月21日民録7輯8巻25頁）。その後、この考え方は、子の人格尊重に反するとして、子の引渡請求の実質は、親権または監護権に基づく妨害排除請求権に他ならないと解されるようになりました（大判大正元年12月19日民録18巻1087頁）。戦後の最高裁判所も、親権者でもなく、正当な監護権を有しない第三者が未成年者を養育したり支配下に置いたりした事案において、親権行使に対する妨害として、親権者から第三者に対する妨害排除請求を認容しており（最判昭和38年9月17日民集17巻8号968頁）、子の引渡請求を親権者・監護者による親権・監護権の行使に対する妨害の排除を求める請求権であると理解する考え方が一般的になったといえます。

(3) 子の引渡しの執行方法

子の引渡請求の法的性質を親権・監護権行使の妨害排除請求権であると捉える判例・通説の立場からは、具体的な子の引渡しを求める態様として、①相手方が子を権利者に引き渡す、②相手方が権利者の子の引取りを受忍し、妨害しない、③相手方が、子が権利者のもとに行くことを妨害しないという3つの類型が考えられます。実務の多くでは、審判の主文が「相手方は申立人に対し、子を引き渡せ。」となっており、文言的には本来①のみを予定しているのでしょうが、子の引渡しの性質を妨害排除請求と捉える以上、②、③を排除する趣旨ではないと指摘されています（山﨑恒「子の引渡しと直接強制」山﨑恒＝山田俊雄編『新・裁判実務大系12　民事執行法』（青林書院、2001年）388頁）。

そして、①の態様についての強制執行の方法については、従前から議論があり、概ね次のような考え方があります。

ア　間接強制説

かつては、子の引渡しの直接強制は許されず、間接強制のみ許されると解する見解がありました。根拠となる条文がないうえ、幼児であれ子は人格を有する以上、人格を有する者に対する「支配」、「占有」を認めるのは相当ではないという理由によるものです（我妻榮『親族法』（有斐閣、1961年）332頁）。

イ　不作為を目的とする債権執行説

子の引渡請求権の実質を、債権者が子を連れていくことや子が債権者の下に行くことを債務者が妨害しないことを求める不作為請求権のみであるとの考え方があり得ます（部会資料4・2頁2⑵の①の考え方）。これは、物の引渡請求権との類似性を否定しようとする考え方であり、その権利の実現は、不作為債務に関する「将来のための適当な処分」（民法414条3項、民執法171条1項）を用いて、代替執行の方法により行われることとなります（中野貞一郎『民事執行法〔増補新訂6版〕』（青林書院、2010年）799頁）。

ウ　直接強制説

子の引渡しを命じられた債務者が負う義務について、不作為義務に加えて、債務者が債権者に対して子を引き渡す義務をも負うとの考え方があり得ます（部会資料4・2頁2⑵の②の考え方）。これは、子の人格尊重の観点から、子の引渡しを求める請求権の性質は物の引渡請求権とは異なるという整理をしつつも、機能的・実質的には動産の引渡しに類似する性質を有していると見る考え方です。このような考え方によれば、その権利の実現は、直接強制の方法により行われるべきこととなります。なぜなら、直接強制を認めても子の人格を無視していることにはならず、間接強制だけでは十分な実効性が確保できないうえ、主文とも整合するからだと言われています。

この見解からは、根拠条文として民事執行法169条の動産執行の規定を類推適用することになります（梶村太市「子の引渡請求の裁判管轄と執行方法」司法研修所論集創立50周年記念特集号第2巻344頁、山﨑恒・前掲392頁、青木晋「子の引渡しの執行実務」家月58巻7号97頁）。

⑷　子の引渡しの執行実務に関する現状

現在、子の引渡しの執行実務は、動産の引渡しに関する直接強制の規定（民執法169条1項）の類推適用により運用されています。

しかし、執行官が一人で帰宅する子を路上で確保して申立人に引き渡した方法の妥当性が問われた事例（東京地立川支決平成21年4月28日家月61巻11号80頁）や子が執行官に対して強い拒絶を示したため執行不能となり、結局、間接強制を申し立てた事例（東京高決平成23年3月23日家月63巻12号92頁）などは問題解決の困難さを示しているといえます。

結局、現時点で民事執行法に子の引渡しに関する明文の規定が存在していないことが問題だとして、子の引渡しを命ずる裁判の実効性を確保するとともに、子を扱うという特殊性に鑑み、子の福祉に十分な配慮をする等の観点から、明確な規律を整備すべきであるとの指摘がされてきました（部会資料4・1頁）。

さらに、前述した子の引渡しを求める請求権の性質に関する議論状況等を踏まえ、基本的に直接強制と代替執行のいずれの方法によるべきかという問題について、例えば、直接強制では、執行官が執行機関となるのに対し、代替執行では、執行裁判所が執行機関となる等、執行機関や手続が異なる点にも留意する必要があります（部会資料4・3頁）。

4　ハーグ条約実施法の問題点

(1)　ハーグ条約及びハーグ条約実施法との平仄

子の不法な連れ去り、または拘束から生じる有害な結果から、子を国際的に保護し、子の常居所地国への迅速な返還を保障する手続きを確立するために、「国際的な子の奪取の民事上の側面に関するハーグ条約」（以下「ハーグ条約」といいます。）が1980年のハーグ国際会議で採択されました。そして、ハーグ条約がわが国でも2013年5月の国会で承認され、2014年4月から発効すると、ハーグ条約の実施のために必要なハーグ条約実施法が制定されました。

ハーグ条約実施法は、国際的な子の返還の強制執行を規律していますが、国内の子の引渡しの強制執行と国際的な子の返還の強制執行とは、どちらも子を対象とするものであり、裁判の実効性の確保と子の福祉への配慮が必要となる点では共通しています。そこで、ハーグ条約実施法の各規律の基礎となる考え方が国内の子の引渡しの強制執行の場面に同様に当てはまるのか、という問題点がありました。

ハーグ条約実施法上の規律で特に問題となるのは、以下のとおりです(詳細は本章**Q5**参照)。

⑵ 間接強制前置

ハーグ条約実施法では、子の返還の代替執行の申立ては、債務者以外の者によって返還が実現される点で子に与える心理的負担が大きいことから、より負担の小さな間接強制の方法による強制執行がされた後でなければすることができないものとされていますが(間接強制前置、ハーグ条約実施法136条)、現行の民事執行法にはそのような規定は存在しません。

⑶ 同時存在原則

ハーグ条約実施法は、執行官が解放実施をすることができる場合を「子が債務者と共にいる場合」に限っていますが(同時存在原則、同法140条3項)、現行の民事執行法にはそのような規定は存在しません。

⑷ 執行場所

ハーグ条約実施法は、執行の場所を原則として、「債務者の住居その他債務者の占有する場所」としていますが(同法140条1項)、現行の民事執行法にはそのような規定は存在しません。

⑸ 執行方法

子の引渡しを求める請求権の実体法上の性質については、ハーグ条約実施法は、債務者の負う債務が、子が常居所を有していた国に子を返還するという代替的作為義務であるとの理解を前提に、その強制執行の方法を間接強制及び代替執行としているほか、子の心身に与える影響を小さくするなどの配慮から、代替執行に関する民事執行法の特則を定めていますが、現行の民事執行法には、前述のように、子の引渡しの強制執行に関する条文は存在しません。

(稲村　晃伸)

3 子の引渡しに求められる司法手続

Q3 **そもそも、どのような司法手続において、子の引渡しが求められるのか、教えてください。**

ポイント

1 子の引渡しを求める司法手続には、家事調停及び審判、人事訴訟、民事訴訟、人身保護請求があります。

2 主に子の父母間における子の引渡しの紛争においては、家事調停及び審判、人事訴訟手続が利用される事案が多くあります。

3 家事調停び審判における審判前の保全処分又は人事訴訟手続における保全処分としてあらかじめ子の引渡しを実現させる方法があります。

A

1 はじめに

子の引渡しを求める司法手続としては、①家事調停において子の引き渡しを求める方法、②家事審判に付随して子の引渡しを求める方法、③①及び②の審判前の保全処分として子の引渡しを求める方法、④人事訴訟の附帯処分に付随して子の引渡しを求める方法、⑤親権又は監護権に基づく妨害排除請求権として子の引渡しを求める方法、⑥人身保護法に基づき子の引渡しを求める方法があります。なお、子の連去りが、刑法上の未成年者略取罪（刑法224条）の「略取」行為に該当するような場合には、警察等に捜査を依頼し、その過程で子の引渡しが実現する場合もあります（部会資料1・79～80頁、相原佳子編「Q&A子どもをめぐる離婚事件実務　弁護士が知っておくべき基礎知識」（青林書院、2015年）151～153頁）。

2 家事調停

子の父、母又は監護権者は、子の引渡しを求める相手を相手方とし、家庭裁判所に、子の監護に関する処分（子の引渡し）調停を申し立てることができ（家事事件手続法244条)、相手方の住所地を管轄する家庭裁判所又は当事者が合意した家庭裁判所が管轄裁判所となります（同法245条1項)。

子の監護に関する処分（子の引渡し）調停は、監護権者が監護権に基づき引渡しを求める場合のほか、子の監護権者の指定又は親権者の変更の調停とともに申し立てられることが多くあります。

調停は、あくまで裁判所を介した当事者間の協議による解決をはかるものですが、家庭裁判所は、子の監護状況等について、専門的知見を有する家庭裁判所調査官による事実の調査等を命じることができ（同法258条1項、58条1項)、家庭裁判所調査官の意見等（同法258条1項、58条3項、4項）を踏まえて協議が進めらます。

なお、家事事件手続法は、「調停委員会は、家事調停事件が係属している間、調停のために必要であると認める処分を命ずることができる」(同法266条1項）と定めており、調停成立前であっても、調停委員会が「必要がある」と認めれば、相手方から申立人への子の引渡しを命じることができます。しかし、申立人に申立権はありませんので、あくまで調停委員会に職権発動を促すことしかできません。また、この処分には執行力はないので（同条3項)、相手方が子の引渡しに応じない場合には子の引渡しを実現することはできません。ただし、相手方が正当な理由なく調停委員会の命令に従わない場合には10万円以下の過料に処せられる旨が定められています（同条4項)。

調停が不成立となった場合には、当該事件は家事審判に移行し、調停申立ての時に審判の申立てがあったものとみなされます。(同法272条1項本文、4項)。

3　家事審判

子の父、母又は監護権者は、家庭裁判所に対し、子の監護に関する処分として、子の引渡しを請求する審判を申し立てることができます（民法766条２項、３項、家事事件手続法別表第二第３項)。この審判の管轄は、子の住所地を管轄する家庭裁判所にあります（同法150条４号)。

家庭裁判所が、その審理にあたり子の監護状況等について家庭裁判所調査官による事実の調査等を命じることができることは家事調停と同様です（同法58条１項)。

4　審判前の保全処分としての子の引渡し

子の監護に関する処分の調停及び審判においては、申立人は、本案前に子の引渡しの実現を保全するため、審判前の保全処分（仮の地位を求める仮処分）として子の引渡しを求めることができます。

申立人は、審判前の保全処分の申立てにあたり、「保全処分を求める事由」（同法106条２項）として、①子の引渡しの本案が認容される蓋然性及び②子その他の利害関係人の急迫の危険を防止するために子の引渡しを保全する必要性を疎明する必要があります。

申立てがあった場合、家庭裁判所は、子の引渡しにかかる強制執行を保全し、又は子その他の利害関係人の急迫の危険を防止するために必要があるときは、子の引渡しにかかる保全処分を命ずることができます（同法105条、157条１項３号)。なお、審判前の保全処分として子の引渡しを命じる場合、家庭裁判所は、審判を受ける者となるべき者の陳述、及び子が15歳以上の場合には、保全処分の目的を達することができない事情があるときを除き、子の陳述を聴かなければならないとされています（同法157条２項)。

現実の事件数では、全体の６割前後が上記の審判前の保全処分としての子の引渡し、全体の３割前後が家事審判となっているようです（部会第１回議事録)。

5　人事訴訟

父又は母は、家庭裁判所に対し、離婚請求訴訟や婚姻取消請求訴訟といった人事訴訟の付帯請求として、子の引渡しを請求することができます（人事訴訟法32条1項、2項)。

また、子の引渡請求権を保全するため、家庭裁判所に対し、この訴訟を本案として子の引渡しを求める仮処分の申立てをすることができます(同法30条)。

6 民事訴訟

他者が子を支配下に置くなどして親権又は監護権の行使を妨害する場合、子の親権者又は監護権者は、これを排除するため、民事訴訟において、親権又は監護権に基づく妨害排除請求権としての子の引渡し請求権を行使することができます（大判大正10年10月29日民録27輯1847頁、最判昭和35年3月15日民集14巻3号430頁、最判昭和45年5月22日判時599号29頁)。

7 人身保護請求

人身保護法2条1項及び2項は、「何人も」「法律上正当な手続によらないで、身体の自由を拘束されている者は、この法律の定めるところにより、その救済を請求することができる。」と定めており、この人身保護法に基づき、子の引渡しを請求することができます。人身保護法に基づく請求は、被拘束者（子)、拘束者又は請求者の所在地を管轄する高等裁判所もしくは地方裁判所に提起します（同法4条)。

人身保護請求が認められるためには、①子が拘束されていること、②当該拘束が違法であること、③拘束の違法性が顕著であること、④救済の目的を達成するため、他に適切な方法がないことが必要です。

③「顕著な違法性」の要件に関して、最判平成5年10月19日（民集47巻8号5099頁）は、「夫婦の一方による右幼児に対する監護は、親権に基づくものとして、特段の事情がない限り、適法というべきであるから、……顕著な違法性があると言うためには、右監護が子の福祉に反することが明白であることを要する」と判示しました。そのため、父母間における子の引渡しに関する紛争においては、人身保護請求による手

続ではなく、家事調停、審判ないし人事訴訟による手続が用いられることが多くなっており人身保護請求による事案は限られています。

人身保護請求については、特別の事情がない限り、弁護士を代理人として行わなければならないとされており（同法3条)、性質上、裁判所は速やかに裁判をしなければならないとされています（同法6条)。

手続については、多くの場合、まずは準備調査期日が開かれ、当事者による陳述を聴くほか、必要な調査をします（同法9条1項)。この期日内で当事者間に和解の余地がない場合、裁判所は、決定で請求を棄却するか（同法11条1項)、人身保護命令（同法12条2項）を発し、拘束者に対し被拘束者（子）を審問期日に出頭させるよう命じます。裁判所は、拘束者がこの命令に違反した場合、拘束者を勾引し又は勾留したり、遅延に応じた過料を命ずることができます（同法18条)。

被拘束者（子）の出頭を命じていることから、多くの場合、この審問期日に即日判決が言い渡され、請求を認容する判決の場合には、判決言渡し後、子を請求者に直ちに引き渡すことになります（同法16条3項参照)。

人身保護請求の判決に不服がある当事者は、3日以内に最高裁判所に上訴することができます（同法19条)。

人身保護請求の判決の執行方法については定めがなく、被拘束者の出頭がない場合に、判決を執行する直接的な方法はありませんが、拘束者が被拘束者（子）を移動、蔵匿、隠避しその他人身保護法による救済を妨げる行為をした場合等は、拘束者に対し、2年以下の懲役又は5万円以下の罰金という刑罰が科せられることが定められています（同法26条)（相原佳子編「Q&A子どもをめぐる離婚事件実務　弁護士が知っておくべき基礎知識」(青林書院、2015年）159～165頁、近藤ルミ子、西口元編「離婚をめぐる親権・監護権の実務―裁判官・家裁調査官の視点をふまえた弁護士実務―」(学陽書房、2016年）223～225頁)。

（寺澤　春香）

4 子の引渡しの強制執行に反対、あるいは回避すべきとする立場

Q4 子の引渡しにおいて直接的な強制執行の方法で執行することに反対したり、なるべくそのような執行を回避するべきであるとする立場は、どのような立場ですか。

ポイント

1 そのような立場として、子の引渡しの強制執行においては、その手続が子の心身に与える負担を最小限にとどめる観点から、できる限り債務者の任意の履行を促すことが望ましいという考え方があります。

2 子が意思能力を有する場合には直接強制をすべきでないという考え方もあります。

3 子の福祉、子の利益を配慮して、裁判所が執行方法を判断するべきであるという考え方もあります。

A

1 一般的な非金銭執行

民事執行法は、金銭の支払を目的としない請求権についての強制執行（非金銭執行、同法第2章第3節）に関し、「与える債務」では直接強制の方法により（同法168条、169条、新法170条）、代替的な作為・不作為義務のような「為す債務」では代替執行の方法により（同法171条）、不代替的な作為・不作為義務では間接強制の方法によることとして（同法172条）、請求権の性質に応じて異なる強制執行の方法を用意しています。

このほか、非金銭執行に関しては、直接的な強制執行である直接強制や代替執行が可能なときであっても、間接強制の方法を選択することもできるとされています（同法173条）。（部会資料4・2頁）

2　子の引渡しを求める裁判手続の種類

子の引渡しを求める裁判手続としては、基本的に、①人事訴訟法に基づき、離婚訴訟等の附帯処分等（親権者又は監護者の指定）に付随して子の引渡しを求めるもの（同法32条）、②家事事件手続法に基づき、子の監護についての相当な処分として、又は親権者若しくは監護者の指定・変更の審判に付随して子の引渡しを求めるもの（同法171条、154条3項）、③民事訴訟において、親権又は監護権に基づく妨害排除請求として子の引渡しを求めるものなどがあります。

また、②の家事事件手続法に基づくものとしては、親権者又は監護者の指定・変更を本案とする審判前の保全処分として子の引渡しを求めるもの（同法175条、157条）があり、①の人事訴訟や③の民事訴訟による場合には、仮の地位を定める仮処分により子の引渡しを求めるもの（民事保全法23条2項）があり得ます。

このほか、④人身保護法に基づいて子の救済を請求するもの（同法2条）もありますが、これは判決によって被拘束者の釈放の状態を形成することが予定されており、執行力がないと理解されています（部会資料4・1頁）。詳細は**本章Q3**もご参照ください。

3　子の引渡し請求権の性質

子の引渡しを求める請求権の性質については、大審院の判例には子の引渡請求権であるとするものもありましたが、今日では、親権者・監護者による親権・監護権の行使に対する妨害の排除を求める請求権であると理解する考え方が一般的であり、判例も同様の立場をとっているとされています（最判昭和35年3月15日民集14巻3号430頁）。

もっとも、親権・監護権の行使に対する妨害排除請求権として捉えるとしても、子の引渡しを命じられた債務者が負う具体的な義務内容については、まず、①債権者が子を連れていくことや子が債権者の下に行くことを債務者が妨害しないという不作為義務のみであるとの考え方があり得ます。これは、物の引渡請求権との類似性を否定しようとする考え方であり、この考え方では権利の実現は、不作為債務に関する「適当な処分」等（民法414条3項、民執法171条1項）を用いて、代替執行の方法により行われることとなります。

また、②不作為義務に加えて、債務者が債権者に対して子を引き渡す義務をも負うとの考え方があり得ます。これは、子の人格尊重の観点から、子の引渡しを求める請求権の性質は物の引渡請求権とは異なるという整理をしつつも、機能的・実質的には動産の引渡しに類似する性質を有していると見る考え方です。このような考え方によれば、その権利の実現は、直接強制の方法により行われるべきこととなります。

現行法の実務は、上記②の考え方に基づき、審判等の主文を「相手方は、申立人に対し、A（子）を引き渡せ。」などとした上で、動産の引渡しに関する規定（民執法169条1項）の類推適用（直接強制）により運用されておりました。その前には、間接強制のみを認める運用がされていた時期もありましたが、その後、債務名義の内容を確実適切に実現する観点から直接的な強制執行の方法も許されるとの考え方が有力となったことを受けて、実定法上の手がかりとなる規定に依拠して直接強制の方法が採られています（部会資料4・2～3頁）。

4　子の引渡しの強制執行に反対する見解

(1)　任意の履行が望ましいという考え方

子の引渡しの強制執行においては、その手続が子の心身に与える負担を最小限にとどめる観点から、できる限り債務者の任意の履行を促すことが望ましいという考え方があります（部会資料4・5～7頁）。

そのため、国際的な子の引渡しについて定めたハーグ条約実施法では、以下の規定がされています。

①子の返還の代替執行の申立ては、債務者以外の者によって返還が実現される点で子に与える心理的負担が大きいことから、より負担の小さな間接強制の方法による強制執行がされた後でなければすることができないものとされています（間接強制の前置、ハーグ条約実施法136条）。

②債務者に対する説得が執行官の任務に含まれることを明記し（同法140条1項柱書き、2項柱書き）、また、子の利益の観点から、子に対して威力を行使してはならず、子以外の者に対する威力の行使も、それが子の心身に有害な影響を及ぼすおそれがある場合にすることができないこととしています（同条5項）。

③執行官が解放実施をすることができる場合を「子が債務者と共にいる場合」に限っています（同法140条3項）。

⑵ 意思能力のある子には直接強制ができないという考え方

子が意思能力を有する場合には直接強制をすべきでないという考えがあります。

これは、実体法的な観点から意思能力を有する子には引渡請求権が成り立たないこと（大判大正12年11月29日民集2巻12号642頁、最判昭和35年3月15日民集14巻3号430頁）、手続法的な観点から動産の引渡しの強制執行の規定（民執法169条）を類推適用する可否を決する基準として意思能力の有無を用いるなどを根拠としています。

現在の執行実務では、子が意思能力を有する場合には直接強制をすべきでないという考え方に基づき、直接強制をする場面では、執行官が執行現場において子の意思能力の有無を判断する取扱いがされています（部会資料4・8頁）。

⑶ ハーグ条約との区別が必要との考え方

子の引渡しで国際的な子の返還を命ずる裁判においては、親権・監護権の帰属については実体的判断をしていないのに対し、国内における子の引渡しを命ずる裁判においては基本的に親権・監護権が帰属していることを前提に判断しています。

そのため、国内における子の引渡しを命ずる裁判の際には、子の福祉、子の利益を判断しているため、それを前提の執行を考えるべきであって、ハーグ条約実施法と必ずしも同じ規律を設ける必要はないとの考えもあります。

また、人である子の引渡しについては、従前の各請求権に対する執行方法の議論に拘束される必要はないとの考えもあります。

債務名義を有する債権者が強制執行方法を選択するという制度への疑問が呈され、子の福祉、子の利益を配慮して、裁判所が執行方法を判断するべきであるとの考えもあります。(部会第4回議事録23頁参照)

(田中　良幸)

5 現行法における規律と問題点

Q5 **現行法のハーグ条約実施法では、子の引渡しはどのように規律され、どのような問題が指摘されていましたか。**

ポイント

1 ハーグ条約実施法136条では、子の返還の代替執行の申立ては、債務者以外の者によって返還が実現される点で子に与える心理的負担が大きいことから、より負担の小さな間接強制の方法による強制執行がされた後でなければすることができないものとされていました。これがいわゆる「間接強制前置主義」です。これについては任意の履行を促す実効性がなく、かつ執行が遅延するという問題が指摘されていました。

2 また、同法は、執行官が解放実施をすることができる場合を「子が債務者と共にいる場合」に限っていました（同時存在原則・同法140条3項）。これにより、子が祖父母など第三者に預けられていると執行が事実上できないという問題があり、また、同時存在原則によって執行が現実にできる場面が大きく限定されているという指摘もありました。

3 さらに、同法は、執行の場所を原則として、「債務者の住居その他債務者の占有する場所」としており（同法140条1項）、上記の同時存在原則とともに執行を困難とし、債務者が執行不能とさせようとするインセンティブを有する原因となるとの批判がありました。

A

1 間接強制前置

(1) ハーグ条約実施法の前置原則

ハーグ条約実施法136条は、間接強制前置を定めています。これは、間接強制によって、現に子の監護をしている親が任意に子の引渡しをする方が、代替執行に比べて子への心理的負担が少ないため、任意の引渡しを促すために間接強制を先に実施するべきであるという考えに基づくものです。背景には、子の引渡しの強制執行においては、子の心身に与える負担を最小限にとどめるべきであるからという考え方があります(部会資料7・2頁)。

ハーグ条約実施法においては、このような考え方に基づき、子の返還の代替執行の申立ては、債務者以外の者によって返還が実現される点で子に与える心理的負担が大きいことから、より負担の小さな間接強制の方法による強制執行がされた後でなければすることができないものとされていたのです。

⑵ 弊害の指摘

しかしながら、裁判が確定したのに任意に子の引渡しをしない債務者には、間接強制では任意の履行は期待できない場合が多いのが現実です。

むしろ、債務者は、後述する同時存在の原則や執行場所の制限等に期待し、最終的には執行不能となることを期待することがあるとも言われ、現実に執行不能となることが大きな問題となっていました。

また、金銭執行が困難な債務者には間接強制は意味がなく、代替執行まで時間を要することになり、その間に子の居所が隠されるといった事態が生じるといった弊害も指摘されていました(部会資料13−1・2頁)。

2 同時存在原則

⑴ ハーグ条約実施法の原則

ハーグ条約実施法は、執行官が解放実施をすることができる場合を「子が債務者と共にいる場合」に限定しています(同法140条3項)。解放実施とは債務者による子の監護を解いて返還実施が可能な状態にする直接的な強制執行を意味します。つまり、子の引渡しの強制執行では、直接的な強制執行を行う際に子と債務者が同時に存在することを要求され、これは「同時存在原則」と呼ばれています。

この原則が採用されたのは、子の不安や衝撃などを緩和し、子の心身に与える負担を最小限にとどめる観点から、執行官がその時点では現実の監護をしている債務者を直接説得し、自発的に子の監護を解かせ、移動などの必要な協力をさせることが期待されたためです（部会資料7・7頁）。

債務者が不在の場で子を連れ帰ることを認めると、子が事態を飲み込むことができずに恐怖や混乱に陥るおそれがあること等が考慮された結果でもあります。

⑵　同時存在原則への批判及び弊害

これに対しては、例えば、子が一時的に債務者の父母（子の祖父母）等の親族に預けられているような事例などが指摘され、常に子が債務者と共にいること（同時存在）を要件とすることは、解放実施（子の引渡しの直接的な強制執行）ができる場面を著しく狭めているとの批判がありました（部会資料7・7頁）。

子が債務者の父母とは同居しているが、債務者とは別居しているような場合、債務者の父母と子との具体的な生活状況によっては、債務者に対する債務名義に基づく直接的な強制執行が不能となる場合があり得るとの問題もありました（部会資料7・8頁）。動産の引渡しの強制執行においては、目的物を債務者が占有していることが要件とされており（民執法169条1項、新法170条1項参照）、第三者が占有している場合には、執行不能となることから、上記のケースでは債務者の父母に対する債務名義が必要となると考えられるからです。

裁判の最終的な実現方法である強制執行について、債務者の協力を核に制度を構築することがそもそも適当ではなく、裁判確定後において債務者に協力を求め、それが効を奏する事案もありえるものの、それを最終的な執行方法とすることは不適切であるとの指摘もされていました（日本弁護士連合会「子の引渡しの強制執行に関する規律の明確化に関する意見書」（平成29年2月17日）3頁）。

債権者に代理人がいる場合、当該代理人は裁判確定後、債務者側に対し任意の履行の打診をすることが多いでしょうから、むしろ、債務者の意思にかかわらず実現する仕組みを採用してこそ、その前の段階の話し合いや説得が効を奏するともいえます。

⑶ 妨害の助長及び執行の困難

同時存在原則を採用することで、債務者が子と同時に存在しないように画策すれば、結果的に執行不能とすることも可能となるため、強制執行を事実上妨げる目的で利用されるおそれもありました。

また、債務者の勤務時間が不規則であるなど、子といる時間の把握が困難である場合にも、執行が困難となりえました。

⑷ 子の福祉との関係

同時存在原則によって、債務者不在の場面で強制執行すると子が混乱するといった事態を回避できるとの考えも、一方であります。しかしながら、債務者不在の場面で子の身柄を確保したとしても、子を速やかに返還実施者に引き渡せば、返還実施者が子に説明をすることによって子の混乱を回避することができる場合もあります。

むしろ、債務者の立会下において強制執行を実施すると、債務者が取り乱す状況を子が目撃したり、債務者が子に忠誠を迫るなど、子をいたずらに高葛藤の場面に直面させることになり、かえって子の福祉を害するともいえます。

3 執行場所

⑴ ハーグ条約実施法の執行場所

ハーグ条約実施法は、執行の場所を原則として、「債務者の住居その他債務者の占有する場所」とし（同法140条1項）、それ以外の場所については、執行官が「子の心身に及ぼす影響、当該場所及びその周囲の状況その他の事情を考慮して相当と認めるとき」には、当該場所を占有する者の同意を得ることによって解放実施をすることができるものとしています（同法140条2項）。

これは、債務者や子のプライバシーを保護し、子の通学先の教員などの第三者を巻き込む危険を回避するためのものとされていました（部会資料7・9頁)。

⑵ 執行の困難

しかしながら、この執行場所の制限は、同時存在原則と相まって、強制執行の実効性を現実に妨げていました。債務者には、これらの制度をむしろ利用して執行不能としようとするインセンティブが生じ、任意の履行が期待できなくなるという問題が指摘されていました（前掲意見書・4頁)。

4 ハーグ条約実施法施行後の実情

ハーグ条約に基づく返還命令の強制執行は必ずしも多くないものの、実務上、当初から従う意思のない債務者に関しては、間接強制前置は機能せず、しかも、間接強制決定について不服申立てがなされると、長期間を要してしまいます。

同時存在原則等は執行を困難にしており、実際に執行不能になったとの指摘もありました（日本弁護士連合会「ハーグ条約実施法の見直しに関する意見書」(平成29年2月17日）参照)。

たとえば、父親に子を海外から日本に連れ去られた母親が日本でハーグ返還手続を執行しようとした事案で、ハーグ条約実施法の予定する執行手続では目的を達成せず、最終的に人身保護法の請求をして返還ができたという報告があります（前掲意見書・3頁)。

また、代替執行（解放実施）の手続が実施された結果として子の返還が実現した例がないため、執行手続の実効性に問題があるとの指摘がされていました（部会資料20–3・3頁参照)。

（田中　良幸）

6 子の引渡しの明文規定制定における問題点と検討

Q6 **子の引渡しの明文規定の制定過程で、子の利益は具体的にどのような場面で、どのような問題提起がされ、検討がされましたか。**

ポイント

国内における子の引渡しに関しては、すでに裁判所によって、子の最善の利益や子の福祉が十分考慮された上で審判や決定等により債務名義が作られていることから、その執行に当たっては、債務名義に従い、迅速に子の引渡しが実現されること（裁判所の判断を実現させること）が、子の最善の利益に適うものと考えられます。

もっとも、その方法や態様等に関しては、子の心身に与える影響、危険、プライバシー及び子の意思などについても配慮する必要があることから、それらと強制執行の迅速な実施とのバランスの観点から、今般の改正において、様々な検討がされました。

特に問題となったのは、間接強制前置、執行官の権限、同時存在の原則、執行場所でした。

A

1 間接強制前置（新法174条）と子の利益

国外の子の引渡しを規定するハーグ条約実施法では、間接強制前置に関する規定が置かれています（同法136条）。これは、債務者以外の第三者によって引渡しが実現される直接強制よりも、間接強制によりできる限り債務者の任意の履行を促す方が、子の心身に与える影響を最小限にとどめるとの考えに基づくものでした。しかし、常に間接強制前置を必須とした場合には、強制執行の実効性が失われ、迅速な引渡しが困難となりむしろ子の利益を害することから、両者の調和が必要です。

この点に関連して、部会では、民事執行法の場面では、ハーグ条約実施法と異なり、家事審判や審判前の保全手続において、親権や監護権に関する実体法的な審理が子の利益を踏まえて十分行われていることから、執行手続における子の利益のためには、迅速な引渡しの実現が重要であるという意見が出たのに対し（第4回議事録22～23頁、佐成委員発言参照）、ある日突然今まで監護されていた方から違う方に引き離されてしまう子どもの立場を踏まえれば、子どもへの心理的負担を最小限に止めるべく、任意の履行を促すべきであるとの意見も出ました（同32頁、村上委員発言参照）。それに対しては、面会交流によって、引き離される方との関係も断絶するわけではないとの意見（同34頁、谷幹事発言参照）や、執行段階で時間をかけることは引き離される方との心理的な紐帯を強めてしまい、時間をかけたうえでの執行は、子どもにより大きな心理的負担を与えてしまうし、債務名義作成段階まで進んでいることから、そもそも任意の履行が期待できないという意見（同33頁。山本（克）委員発言参照）も出されました。

最終的な結論については**本章Q7**をご参照ください。

2　執行官の権限等（新法175条）と子の利益

強制執行の実効性確保の観点から、ハーグ条約実施法（140条）と同様に、執行官は、①債務者の住居その他債務者の占有する場所に立ち入り、子を捜索すること、及び必要があるときは、閉鎖した戸を開くために必要な処分をすること（新法175条1項1号）、②債権者若しくは代理人と子、又は債権者若しくは代理人と債務者を面会させること（同条1項2号）、並びに③債権者若しくは代理人をその場所に立ち入らせることができることとされました（同条1項3号）。詳細は**本章Q8**をご参照ください。

また、子に対する有形力の行使に関しては、威力の行使といえるような有形力の行使は認められないものの、何が「威力の行使」といえるかは子の年齢等に応じて個別に検討する必要があるとされており、「威力」という概念が、民事執行法やハーグ条約実施法において「抵抗を排除する」（民執法6条1項、ハーグ条約実施法140条4項）という概念と共に用いられていることに照らすと、子の引渡しに際し抵抗していない子、すなわち、子が債務者の監護下から分離されるに際して拒絶する行為をしない子に対して、執行官が身体的接触を伴う行為に及ぶことは「威力」の行使には当たらないと解されています。このような考え方によれば、例えば、執行官が自立歩行の不可能な乳児をベビーベッドから抱き上げて債権者に引き渡す行為や、子が口で拒絶の意思を示していても身体的な抵抗までは示さないという場合に、その子の手を引いたり肩を押したりするなど、子の意思を制圧しない程度の有形力を行使して子を誘導する行為は、「威力」の行使には当たらないものと解される一方、債務者の住居の中で逃げ惑う子を執行官が追い掛けて捕まえる行為は、「威力」の行使に当たると解されています（部会資料20–2・25～26頁）。

さらに、子以外の者への威力について、それが子の心身に有害な影響を及ぼすおそれがある場合にはこれもできないこととされました（同条8項）が、これに対しては、有害な影響については児童心理の専門家あっても判断が難しく、その判断を執行官に委ねることで萎縮的な効果を生み、それが原因で執行できないという弊害が生じる可能性も指摘（第7回議事録43～44頁、谷幹事発言参照）されました。

3　執行場所（新法175条）

執行場所に関しては、子の引渡しの実現のためには、学校や保育所などの施設や公道においても、直接的な強制執行を行いやすくする必要があるとの指摘もありました。実際に、過去の事案でも公道など執行が実現された事案について紹介がなされました（第8回議事録6頁、阿多委員発言）。しかし、ハーグ条約実施法においても、学校や保育所、公道等での解放実施を否定してきたわけではなく、債務者以外の者が占有する施設等では、その立ち入りに、当該占有者の同意が必要です。そこで、この利益のための迅速な執行の実現とのバランスから、債務者の住居その他債務者の占有する場所において解放実施すべきとしつつ（新法175条1項）、子の心身に及ぼす影響、当該場所及びその周囲の状況その他の事情を考慮して相当と認めるときは、それ以外の場所においても、当該場所の占有者の同意、又は当該同意に代わる執行裁判所の許可（同条3項）を得て、解放実施することもできる（同条2項）こととされました。詳細は、**本章Q9**をご参照ください。

当該占有者の同意が得られないために執行不能となることを防ぎ、また、子を預かる学校や保育所等に同意の判断における過大な負担をかけることを防ぐために、同意は執行裁判所の許可で代替できるとされています。

4　いわゆる同時存在の原則と子の利益

子の利益との関係で、債務者との同時存在が維持すべき原則なのかは難しい問題でした。部会では、実際に引き渡される際に、債務者と別れができることの方が、将来的には子の利益になるのではないかとの意見（第15回議事録38頁、山田幹事発言参照）や、逆に、現在監護されている親の顔色を見ないと何もできない子が、親に「行っちゃ駄目」と言われたときに、連れて行かれることの心理的葛藤の大きさは、極めて心の傷を将来に残す可能性が高いとの意見（同37頁、山本（克）委員発言参照）も出されました。

また、児童心理の専門家である参考人からは、同時存在に関連した実例として、債務者方における執行の際に債務者がドアチェーンを掛けて執行官等の立入りに抵抗していた事案において、執行官が業者を利用してドアチェーンを破壊して債務者方に立ち入ったところ、子も執行官に対して「出ていけ」などと発言して抵抗を示していたが、執行補助者である児童心理の専門家が、子に対し、抱えていたぬいぐるみについて話題を振り、債権者（母）に買ってもらったものであることを引き出した上で、小声で債権者が来ていることを伝えた結果、子が債権者の下に行く意向を示したことなどが紹介され様々な意見が出されました（部会資料22-2・2～3頁）。最終的に、同時存在の原則については採用されず、結論としては「債権者の同時存在を要求すること」とされました（新法

175条5項)。詳細は本章**Q10**をご参照ください。

5　配慮規定（新法176条）

本改正では、強制執行によって子の引渡しを迅速に実現することが子の利益に資するとの考えに基づき、前記のとおり、ハーグ条約実施法で採用されていた間接強制前置やいわゆる同時存在の原則が採用されないこととなりましたが、これらの規律を採用しないことにより、強制執行が子の心身に与える負担が増すのではないかとの懸念も示されました(同様の懸念は、意見募集においても寄せられました)。

また、部会では、執行官が執行補助者と立会人との職務内容の性質や内容の違いを正確に認識した上、執行官と児童心理の専門家である執行補助者等との適切な役割分担を定めるなどして密な連携を図ることの重要性も指摘されました。

それを踏まえ、これまでの執行実務において行われてきた子の心身の負担に配慮した様々な工夫等（それを実現するための執行官と執行補助者等との適切な連携に向けた工夫を含む）の運用を継続し発展させていくことを促す目的で、本条（配慮規定）が設けられました。

参考人からは、これまでの実務上の工夫として、①事前準備段階における工夫としては、円滑な執行の実現のためには、執行官と執行補助者等との密な連携が必要不可欠であって、そのような連携関係を構築するためには、執行の現場で協議するだけでは不十分であり、執行の現場における執行の手順（引渡しや返還の実現だけではなく、面会交流の活用も含めた全体的な執行の流れ）や各人の役割分担等（誰がどのような順番で執行の現場に登場するのか、子や債務者に誰が接触しどのような話をするかなど）について事前に打合せ等の準備を行い、②執行の現場における工夫としては、執行の現場では、債務者や子に過度のストレスを与えないよう、手続きの序盤においては、執行官や執行補助者のみの少人数で対応し、債権者やその代理人等の関係者については現場付近で待機させておくなどした上で、その際の債務者や子の対応ぶり等を踏まえ、債権者やその代理人等の関係者を現場に登場させるといった配慮や、強制執行が子の心身に与える負担を軽減し、子が執行の現場で混乱しないようにするという観点から、子に対しても、できる限り早い段階で、現在の状況や今後の見通し等（次に債務者に会えるのはいつ頃になる見込みか等）について伝えることなどが紹介されました（部会資料22-2・1～4頁及び6～8頁）。

6　年齢による制限

現在の執行実務では、子が意思能力を有する場合には直接強制をすべきではないという考え方に基づき、直接強制をする場面では、執行官が執行現場において子の意思能力の有無を判断する取扱いがされています（部会資料4・8～9頁）。部会では、直接的な強制執行の対象となる子の範囲を年齢に基づいて限定する考えも示されましたが、これに対しては、一定の年齢に達した子の意思については、債務名義の作成段階で考慮されるとしても、強制執行の段階において考慮されるべきではないとの指摘や、一定の年齢に達した子が執行場所に臨場した執行官に対し、債権者へ引き渡されることを拒絶した場合には、子に対する威力を行使することができない結果として、執行が奏功しなくなるのが実際であるから、あら かじめ強制執行の対象となる子の範囲を年齢によって限定しておく意義が乏しいなどの指摘がされ、結論としては、年齢による制限は規定されませんでした（中間試案補足説明・65頁）。

なお、ハーグ条約実施法においては、子の意思能力に関する規定はありませんが、子の返還事由として子が16歳に達していないことが必要とされているほか（同法27条1号）、裁判所の授権決定に基づいて子の返還を実施する時点で16歳に達した子については、子の返還の強制執行をすることができないこととされています（同法135条）。

（藤川　慎吾）

7 間接強制前置制度の審議経過と問題点

Q7 **間接強制前置については、従前制度はどのようなもので、どのような審議がされ、どのような制度となりましたか。**

ポイント

1　従前は子の引き渡しの強制執行に関する明文の規定がなく、動産に関する規定を類推適用するという運用がなされていました。

2　法制審議会民事執行法部会（以下「部会」といいます。）では、子の心身に与える負担を最小限にとどめるという観点を最も重視して、審議がなされました。また、できる限り債務者の任意の履行を促すことが望ましいという考え方も重視されましたが、子の負担を最小限にするためには、迅速な執行が必要であるという観点も重要視されました。

3　国際的な子の奪取の民事上の側面に関する条約（以下「ハーグ条約」といいます。）及びハーグ条約実施法にはすでに子の引渡しの強制執行について定めがありましたので、ハーグ条約実施法との整合性を見据えた議論が進められました。

4　結論としては、直接的な強制執行の申立ては、間接強制の方法による強制執行の後でなければすることができないとはせず、間接強制を前置しない場合があることが明記されました。

A

1　従前の制度の概要及び問題点

改正前の民事執行法には、国内の子の引渡しの強制執行に関する明文の規定がなく、動産に関する規定を類推適用する運用がなされていました。この運用については、子を「物」扱いしているという一般的な批判があるのみならず、子の福祉を実現するために不十分であるという深刻な問題がありました。詳細については本章**Q1**及び**Q2**をご参照ください。

そこで、裁判の実効性を確保すると同時に子の福祉にも配慮するための規律を明確化する必要性が指摘され、審議がされました。

2 審議の経過

⑴ ハーグ条約実施法との関係

部会において、ハーグ条約実施法の規律の基礎となっている考え方が国内の子の引渡しの強制執行にも同様に当てはまるのであれば、基本的にハーグ条約実施法と同様の規律を設けることを出発点とするということが提言されました。仮にハーグ条約実施法と異なる規律を設けるならば、異なることの合理的な理由、整合的な理由を説明する必要があるとされ、ハーグ条約実施法との整合性にも重きが置かれた議論がなされました。

⑵ 中間試案

ハーグ条約実施法では採用されている間接強制前置について、中間試案の本文第3の2は下記の内容となり、ハーグ条約実施法136条と同様に、直接的な強制執行の申立ては、間接強制の方法による強制執行の後でなければすることができない旨の規定を設けることが提案されました。

> 2 直接的な強制執行と間接強制との関係（間接強制前置）
> 子の引渡しの直接的な強制執行の申立ては、間接強制の決定が確定した日から２週間を経過した後でなければすることができないものとする。

改正前民事執行法では、非金銭執行において、直接的な強制執行によることができる場合には、債権者の選択によって、直接的な強制執行と間接強制のいずれの申立てもでき、その順序に制約がありませんでした。そこで、子の心身に与える負担を最小限にとどめる観点から、できる限り債務者に自発的に子の監護を解かせることが望ましく、手続的にもそのような機会を設ける必要があると考えられ、子の心身に与える負担がより小さい強制執行の方法である間接強制から順次実施することが相当であると考えられため、ハーグ条約実施法136条にならって、上記提案がなされたものでした。

しかし、上記の本文2には注が付されていました。

(注1) 間接強制の手続を前置することを原則とした上で、子の急迫の危険を防止するために直ちに子の引渡しの直接的な強制執行をする必要があるときは、例外的に、間接強制の手続との前後を問わず、子の引渡しの直接的な強制執行の申立てをすることができるものとする考え方がある。

本文2のように間接強制前置を原則としても、一定の場合には例外的に、間接強制を前置せず、子の引渡しの直接的な強制執行の申立てをすることができるものとすべきとの指摘があり、上記の（注1）が盛り込まれたものです。さらに、以下の注記も追加されていました。

(注2) 本文の規律とは異なり、間接強制の手続との前後を問わず、子の引渡しの直接的な強制執行の申立てをすることができるものとする考え方がある。

間接強制前置を採用した場合、子の引渡しまでに時間がかかることや、資力のある債務者（もしくは資力のほとんどない債務者）に対しては任意の履行を促す実際上の効果には疑問であるとして、間接強制を前置しないものとすることもあり得るとの指摘があり、特に意見の対立があったため（部会第11回議事録・13頁以下参照）上記の（注2）が盛り込まれたのです。

(3) 中間試案に対する意見

間接強制前置の採用について賛成の意見もある反面、現在の実務においては、子の引渡しの強制執行に関して間接強制を前置することなく直接強制が実施されることがあるが、具体的な問題が生じていないことから、間接強制を前置とすることに対して反対する意見もありました（部会第13回議事録・1頁以下参照）。

部会では、今回の改正の契機、中間試案に対するパブリックコメント、その後の議論等を踏まえ、【甲案】と【乙案】が提示されました。なお、民執法172条1項の規定による決定とは、間接強制による執行の決定を意味します。

⑷ 【甲案】と【乙案】

【甲案】

子の引渡しの直接的な強制執行の申立ては、次の⑴から⑶までの事由のいずれかに該当するときでなければすることができないものとする。

⑴ 民事執行法第172条第1項の規定による決定が確定した日から2週間を経過したとき（当該決定において定められた債務を履行すべき一定の期間の経過がこれより後である場合は、その期間を経過したとき。

⑵ 民事執行法第172条第1項の規定による強制執行を実施しても、債務者が子の監護を解く見込みがないとき。

⑶ 子の急迫の危険を防止するために直ちに子の引渡しの直接的な強制執行をする必要があるとき。

【乙案】

執行裁判所は、子の引渡しの直接的な強制執行の申立てがされた場合において、民事執行法第172条第1項の規定による強制執行を実施すれば債務者が子の監護を解く見込みがあり、直接的な強制執行の実施に先立って同項の規定による強制執行を実施することが子の利益に照らして相当であると認めるときは、当該申立てを却下しなければならないものとする。

3 改正法の結論

⑴ その後の審議

上記のように【甲案】と【乙案】が提示されましたが、両案とも体裁は異なりますが実質的には前置しない場合を認めている点では同じ内容を定めたものといえます。すなわち、【甲案】は直接的な強制執行の必要ないし相当な場面を提示し、【乙案】は、必要ないし相当ではない場面を提示しています。なお、部会では当初、子の引渡しは特殊な執行であり、別の手続法制度を構築すべきだという見解もありました（部会第4回議事録27頁）。

⑵ 新設された条文

今回の改正法においては、下記条項が新設されました。

（子の引渡しの強制執行）

第174条 子の引き渡しの強制執行は、次の各号に掲げる方法のいずれかにより行う。

一 執行裁判所が決定により執行官に子の引渡しを実施させる方法

二 第172条第1項に規定する方法

2 前項第1号に掲げる方法による強制施行の申立ては、次の各号のいずれかに該当するときでなければすることができない。

一 民事執行法172条1項の規定による決定が確定した日から2週間を経過したとき（当該決定において定められた債務を履行すべき一定の期間の経過がこれより後である場合にあっては、その期間を経過したとき）。

二 前項第2号に掲げる方法による強制執行を実施しても、債務者が子の監護を解く見込みがあるとは認められないとき。

三 子の急迫の危険を防止するため直ちに強制執行をする必要があるとき。

（3項以下省略）

最終的に、間接強制について定めた条項である新法174条2項は、ほぼ【甲案】を採用したものです。【甲案】が採用された理由は、条文上、主張立証構造が読み取りやすい点にあります。仮に【乙案】が採用された場合、債権者側の主張立証が難しくなり、債務者側も、「間接執行をしてもらえれば応じる用意がある。」という不自然な主張立証をすることが想定されます。主語が執行裁判所となっていることから主張立証構造が分かりにくいという難点もあります。

【甲案】については、1号が不要ではないかという指摘もありました。しかし、実務的には2号が機能する場面が多いことが想定され、あえて1号の要件を削除する必要はないと解され、部会では1号から3号の要件を設けることに大きな異論がなく採用されました（部会第19回議事録24頁参照）。

(3) 今回の改正

今回の改正の結果、間接強制前置につきましては、下記の表のとおりに整理できます。なお、この改正民事執行法の議論を踏まえ、ハーグ条約実施法にも、同様の改正がなされました。

間接強制前置が必要かどうか

	改正前	改正後
民事執行法	規定なし	不要
ハーグ条約実施法	必要	不要

4 実務への影響

今後の実務では、新法174条2項2号について、間接強制強制執行を実施しても債務者が子の監護を解く見込みがあるとは認められないかどうかという点が問題となる事案が多くなることが予想されます。これは、個別具体的な事情に基づいて判断されることになりますが、少なくとも、債務者が債権者による子の引渡しの求めに応じず、債権者からの子に関する情報提供や子との面会その他の接触の求めにも応じないといった態度を示している場合には該当するものと考えられています（部会資料19–2参照)。

これまでも間接強制を前置するかどうかについて運用における判断の蓄積はある程度ありますが、今後は新法172条2項各号の具体的事例おける裁判所の判断の蓄積により予測可能性が与えられることになると考えられます。

(本多　基記)

8　執行官の権限

Q8　執行官の権限は、どのようなものとされましたか。

ポイント

1　国内の子の引渡しの執行においては、これまで明文がありませんでしたが、執行裁判所は、執行官に子の引渡しを実施させることを命じることができることが明記されました（新法174条１項１号）。

2　執行官は、債務者による子の監護を解くために必要な行為として、以下の各行為を行うことができるものとされました（同法175条１項）。

⑴　債務者の住居その他債務者の占有する場所で以下の行為ができます（同条１項）。

①　債務者に対する説得（同条１項柱書）

②　債務者の住居その他債務者の占有する場所への立ち入りと子の捜索、閉鎖した戸を開くための必要な処分（同条１項１号）

③　債権者もしくはその代理人と、子又は債務者を面会させること（同２号）

④　債務者の住居その他債務者の占有する場所へ債権者又はその代理人を立ち入らせること（同３号）

⑵　執行官は、相当と認める場合には、債務者の住居その他債務者の占有する場所以外の場所でも、当該場所の占有者の同意を得て、⑴の行為を行えるものとされました（同条２項）。

⑶　執行官は、子の住居が債務者の占有する場所と異なる場合には、執行裁判所による許可を受けて、⑴の行為を行えるようになりました（同条３項）。

3　執行官は、子以外の者に対して威力を用いることができますが、子に対して威力を用いることはできず、子以外の者に対し威力を用いることが子の心身に有害な影響をもたらす場合には、当該子以外の者にも威力を用いることができません（同条8項）。

4　執行官は、債権者又はその代理人に対し、必要な指示をすることができます（同条9項）。

A

1　執行官の権限（新法175条）

子の引渡しの執行については、以前は直接的な強制執行の方法は許されないという考えもあったものの、債務名義の確実適切な実現という観点から実務的には許されるものとされ、動産の引渡しに関する規定（民執法169条1項）を類推適用するなどの方法で直接強制の採用もされてきました。今般、子の福祉に対する十分な配慮を要するなどの観点から、直接的な強制執行に関する明確な規律を整備するべきであるとの観点から新設されました。

子の心身の負担への配慮と強制執行の実効性確保の調和の観点から、子の身柄の移動を適切に実現するための特別の強制執行手続きとして、具体的には、子の引渡しの強制執行（新法174条）と執行官の権限（新法175条）の規定が新設されました。

以下、執行官の権限の定めを個別にみていきます。

2　債務者による子の監護を解くために必要な行為

⑴　債務者に対する説得（同条1項柱書）

ハーグ条約実施法においても執行官が債務者を説得することができる旨を定めていますが（実施法140条1項柱書、同条2項柱書）、これは子の心理的負担を軽減する観点から、債務者を説得して任意に子の解放を実現することが重要であることの考え方によるものであり、国内における子の引渡しの場合にも妥当しますので同様の定めが設けられました。なお①民事執行法上、動産の引渡しの強制執行に関する規定等に「説得」に関する明文の規定がないことと平仄が合わない、②ハーグ条約においては債務者が子と共に常居所地国へ戻る方法によって返還義務を任意に履行できる点で特別の意義があったが国内では特別の意義はないことなどから、「説得」に関する規定を設けることに反対する意見はありました（部会資料15・15頁参照）。

⑵ 債務者の住居その他債務者の占有する場所への立ち入りと子の捜索、この場合において必要があるときは、閉鎖した戸を開くための必要な処分（同条1項1号）

現在の国内における子の引渡しに関する現在の執行実務において準用されている動産執行の定めには、執行官が対象物件の捜索と閉鎖した戸等を開くなどの必要な処分をすることができるとあり（民執法169条2項、123条2項）、ハーグ実施法140条1項1号にも同様の定めがあります。

そこで、国内の子の引渡しにおいても、これらの処分は必要であるので同様の規定が新設されました。

⑶ 債権者もしくはその代理人と、子又は債務者を面会させること（同2号）、債務者の住居その他債務者の占有する場所へ債権者又はその代理人を立ち入らせること（同3号）

ハーグ条約実施法には、解放実施（代替執行の一部として執行官が行う子の監護を解くために必要な行為）を実効的なものとし、また、子の解放後に円滑に返還実施（子とともに返還を求める者が帰国するために必要な行為）に移行することを可能とするため、執行官は、返還実施者（一般的には子を連れ去られた親や親族等）と子や債務者を面会させることや、債務者の住居等に返還実施者を立ち入らせることができるものと定めています（ハーグ条約実施法140条1項2号及び3号）。

同様の趣旨が国内における子の引渡しにも妥当するため、同様の規定が定められました。

3　債務者の住居その他債務者の占有する場所以外で「必要な処分」を行うための要件（同条2項）

執行官は、子の心身に及ぼす影響、当該場所及び周囲の状況その他の事情を考慮して相当と認められる場合には、当該場所の占有者の同意を得たうえで、「債務者による子の監護を解くために必要な行為」（1項）を行うことができると定めています。

ハーグ条約実施法140条2項にも同様の定めがあり、子の引渡しについての直接的な強制執行の目的の実現の要請（執行の必要性）と執行場所を占有する第三者の財産権等の保証の要請との調和を図る必要があります。

そこで、執行官による第三者の占有する場所への立入等の適法性を担保するために、「必要な処分」を行うには、当該場所を占有する第三者の同意を必要とする定めを置きました。

4　子の住居が債務者の住居その他債務者の占有する場所と異なる場合に、当該場所（子の住居）で「必要な処分」を行うための要件（同条3項）

子の住居が債務者の住居その他債務者の占有する場所と異なる場合に、執行裁判所は、債務者と占有者との関係、占有者の私生活及び業務に与える影響等を考慮して相当と認めるときは、債権者の申立てにより、当該場所の占有者の同意に代わる許可をすることができると定められました。

同項が想定している事例は、当該第三者に対する債務名義の再取得や執行文の付与が必要ではない場合（第三者が債務者の親族などの監護補助者等）に、当該第三者が占有する場所に執行官が立ち入るような場合です（そのため、執行文の付与を要する第三者の範囲と本規定により同意に代わる許可を要する第三者の範囲が重なることはないと考えられます。）。

債務者の住居等に執行官が立ち入ることが許容される理由としては、①子の引渡しの直接的な強制執行を行う場合には、債務者の住居等には子が居住しているものと考えられるため、執行の目的を実現するためには、執行官が立入等を行う必要性が高いこと（執行の必要性）、②債務者は、債権者に対し子の引渡し義務を負っているところ、執行官には執行の目的を実現するために、債務者の支配領域に直接介入してその意に反してでも執行できる権限が付与されているため、少なくとも債務者の住居等に係る債務者の財産権等が制約されることは強制執行の手続き上当然に予定されていること（財産権を制約することの許容性）が挙げられます。

一方で、子が通常居住しているとまではいえず、当該者が自ら子の引渡し義務を負っているとは言えない場合、当該場所に執行官が立入等を行うには、その占有者の同意が必要となります。しかし、監護補助者等の占有する場所に子が居住する場合であれば、当該執行場所における強制執行によって債務者の監護が解かれることに伴い生じる監護補助者等の第三者の財産権等に対する制約は債務者の財産権等に対する制約と同視しうる面があり、強制執行手続上は、執行官が当該場所に立入等をする限度において、当該場所を占有する第三者の財産権が制約されることは許容され得るものと考えられます。

そこで、債務者以外が占有する場所に子が居住している場合には、例外的に執行裁判所が「相当と認めるとき」に限り、執行裁判所の許可をもって、同意がなくとも、執行官が立入等の必要な処分を行うことができるとされました。

執行裁判所の許可がどのような場合に出されるかは、今後の実務の集積によることになりますが、当該第三者が債務者の親族であるなど実質的に債務者と近い立場にある場合については、執行官による説得がなされたとしても、債務者と同様に執行官による立入等に抵抗し、同意をしないことが想定されるため、当該場所での執行の必要性が高いことを踏まえたうえで、当該第三者の生活の平穏への影響等を考慮して、その施入する場所の財産権等を制約することが許容されるかが検討されることになると思われます。また、保育所や学校といった債務者から独立した中立的立場にある場合、執行官に対する抵抗が想定されにくいうえ、執行官による立入りで制約される財産権等（他の児童に対する配慮した形での保育所や学校等の建物及びその敷地を管理することも含まれうること）に照らせば、当該財産権等を制約すること（同意に代わる許可をすること）は許容されにくいものと思われます。

5　威力の行使（同条8項）

民事執行法6条1項によれば、職務の執行に際し抵抗を受ける際には、その抵抗を排除するために、威力を用いることができると定められています。しかし、子の引渡しの場面では、執行官は、子に対しては威力を用いることができないこととされました。子以外の者に対し威力を用いることが子の心身に有害な影響をもたらす場合にも、当該子以外の者にも威力を用いることができないこととされました。

ハーグ条約実施法140条5項も、子による抵抗も想定できるものの、子の利益の観点から､威力を用いることはできないと定められています。かかる趣旨は国内の子の引渡しにおいても妥当するため、同様の規定を定めたものです。

子の利益との関係については、**本章Q8**もご参照ください。

6　債権者又はその代理人に対する指示（9項）

執行官は、債務者による子の監護を解くために必要な行為をするに際し、債権者又はその代理人に対し、必要な指示をすることができると定められています。

ハーグ条約実施法は、解放実施を実効的なものとし、また、子の解放後に円滑に返還実施に移行することを可能とするため、執行場所に出頭している返還実施者に対し、必要な指示をすることができるとしています。

民事執行法においても、債務者による子の監護を解くために必要な処分を行うためには執行場所への債権者又はその代理人の出頭が必要であるところ（新法175条5項及び6項）、直接的な方法による強制執行の目的を達成するためには執行場所に出頭した債権者又はその代理人に対し必要な指示をする必要があることから､同様の定めが規定されました。

（高砂　太郎）

9 同時存在

Q9 **執行官が解放実施をすることができる場合を「子が債務者と共にいる場合」に限るという原則については、どのように定められましたか。**

ポイント

1 ハーグ条約実施法で採用された同時存在の原則には、執行を不能とするという点等から、実務的に批判が多く出されていました。
2 結論として、国内における子の引渡しの場面では、ハーグ条約実施法とは異なり、債務者の同時存在ではなく、原則として債権者の同時存在を要求することとされました。

A

1 同時存在の原則の問題

ハーグ条約実施法は、執行官が解放実施することができる場合を「子が債務者と共にいる場合」に限っています（同法140条3項）。これは、債務者が不在の場で子を連れ帰ることを認めると、子が事態を飲み込むことができずに恐怖や混乱に陥るおそれがあることなどを考慮して、強制執行が子の心身に与える負担を最小限にとどめようとするものと考えられています。

しかし、強制執行の実効性確保の観点からは、債務者が恣意的に執行場所に立ち会わないことなどによって敢えて強制執行を不能に至らせる蓋然性があること等から、新法においては、同原則は不要とすべきとされました。

特に、日弁連からは、子の福祉の観点から、以下のような批判がなされていました。

すなわち、「債務者の立会いの下で強制執行を行う場合、債務者が取り乱したり、抵抗したりすることがあり、さらに、強制執行は、子から見れば、付いていくべき親の選択を迫られるように感じる側面があり、債務者の立会いのもとでは、子を徒に高葛藤の場面に直面させることになる。強制執行が任意の引渡しに応じない債務者に対する手続であることを考慮すると、債務者が何らかの抵抗をすることは当然に想定すべきであり、そのような渦中に子を巻き込むと、子の心身に対する負担は一層大きくなる」という意見です。

また、強制執行の実効性という観点からは、以下の批判もありました。

子の引渡しの強制執行は、当事者間の話し合いや説得が効を奏しなかった場合に申立てられるのがほとんどであり、こうした事案における直接的な強制執行の場面において、債務者に自発的な引渡しを求めることは期待できず、しかも、同時存在を直接的な強制執行の要件にすると、債務者が子と同時に存在しない対応をとることにより、債務者は容易に執行不能の状態を作出し得ることになる。債務者が任意に子を引き渡すことは、子の心身への負担が少なく、望ましい状態ではあるが、それは最終的に実効性のある強制執行手段が予定されていてはじめて期待できるものである。債務者が容易に執行不能の状態を作出できる制度を創設するのでは、かえって任意の履行の機会が減り、結果として子の福祉を損なうことになる。さらに、債務者の勤務時間が不規則だと同時存在の時間の把握が困難であり、強制執行が実現不可能となることもあり、また、債務者の在宅時間帯に強制執行に着手せざるを得ない。現在の実務でも、同時存在を求める運用が、直接強制の時間帯を大きく制約し、強制執行の実効性、迅速性を損ねるだけでなく、早朝、深夜の執行を余儀なくされ、子の心身に対して負担を与えているのが現状である、というものです（日弁連「民事執行法の改正に関する中間試案に対する意見書」参照）。

こうした批判を踏まえ、債務者と子の同時存在は要件とされませんでしたが、これに伴い、執行時の子の恐怖や混乱に対応するため、債権者の同時存在を要件としました。

2　債権者の同時存在の条項（新法175条5項及び6項）

子の心身に与える負担の観点からも、債務者の同時存在を求めることは、債務者による抵抗や子への働きかけにより、子が親の選択を迫られるなど高葛藤の場面に直面することが少なくなく、必ずしも子の心身に与える負担を最小限にとどめることにはなっていないと考えられます。また、債務者がすんなり子の引き渡しに応じた場合の子のショックも想定されます。

一方、債務者が不在の場合の子が事態を飲み込むことができずに恐怖や混乱に陥るおそれについては、債権者（裁判所が子の利益に適うと判断した者）の同席を求めることで回避することが可能であることから、国内における子の引渡しの場面では、ハーグ条約実施法とは異なり、債務者の同時存在ではなく、原則として債権者の同時存在を要求することとされました（新法175条5項）。もっとも、債権者の同時存在を求めた上述の趣旨から、債権者本人が出頭することができない場合であっても、代理人と子の関係、代理人の知識及び経験その他の事情に照らして子の利益の保護のために相当と認められるときには、代理人による出頭も可能とされ柔軟性をもたせたものとなっています（同条6項）。

3　審議経緯

具体的な規律についての審議は、第15回での部会までの審議を経て、第17回において以下の乙・丙の2案についての当否が議論される形で進みました。

【乙案】

1　子が債務者と共にいること（同時存在）の要否

(1)　執行裁判所は、執行官に債務者による子の監護を解くために必要な行為を実施させる決定において、執行官による子の監護を解くために必要な行為の実施の条件として、事案の性質、子の心身に及ぼす影響並びに既に行った強制執行の手続における債務者の言動及び当該手続の結果その他の事情を考慮して、次のいずれかの事項を定めなければならないものとする。

ア　執行官による子の監護を解くために必要な行為は、子が債務者と共にいるときに限り、することができるものとすること

イ　執行官による子の監護を解くために必要な行為は、子が債務者と共にいるときのほか、債権者が執行場所に出頭したときも、することができるものとすること

⑵　執行裁判所は、前記⑴の決定後に生じた前記⑴の事情を考慮して相当と認めるときは、前記⑴ア又はイの事項に関する定めを変更することができるものとする。

2　債権者等の執行場所への出頭執行官は、債権者又はその代理人が執行場所に出頭したときに限り、債務者による子の監護を解くために必要な行為をすることができるものとする。

【丙案】

1　子が債務者と共にいること（同時存在）の要否

執行官は、子が債務者と共にいるか否かにかかわらず、債務者による子の監護を解くために必要な行為をすることができるものとする。

2　債権者等の執行場所への出頭

⑴　執行官は、債権者が執行場所に出頭した場合に限り、債務者による子の監護を解くために必要な行為をすることができるものとする。

⑵　債権者が執行場所に出頭することができない場合であって、債権者の代理人が執行場所に出頭することが子の利益に照らして相当であると認めるときは、執行裁判所は、債権者の申立てにより、前記⑴にかかわらず、当該代理人が執行場所に出頭したときにも、執行官が債務者による子の監護を解くために必要な行為をすることができる旨の決定をすることができるものとする。

⑶　執行裁判所は、いつでも前記⑵の決定を取り消すことができるものとする。

乙案については下記の問題点が指摘されました。

- 乙案では、どのように実務上動いていくかというのが明確でない。すなわち、アかイのいずれかの事項を定めなければならないという規律だが、具体的に裁判所が判断する場合の基準が明確でない。さらに言えば、必ず子が債務者と共にいなければならない事情が想定できない（第17回議事録）。
- 債務者がスムーズに子を渡した場合などでは子が精神的にダメージを受けることが予想され、同時存在が必ずしも子の福祉にかなうか否かは予見不可能であるから、アかイかどちらかという判断を裁判所に迫ることが人知を超えた要求である場面もある（第17回議事録）。

丙案については、下記のような理由で概ね賛同が得られ、丙案が採用されました。

- 執行官が同道していればそれで足りるという点につき、具体的な執行の場面において、子の福祉に適するかということについての判断は、抽象的に執行裁判所でイメージするよりも、執行官が同道して個別対応で判断するほうが、執行抗告等の機会を提供して時間を要するよりも良い（第17回議事録）。
- 債務名義になった以上は、債権者債務者間では対立関係にあって、その結果任意での引き渡しができなくなっていることを考えると、もう一度執行の場で同時存在を原則マストとする合理性はない（第17回議事録）。
- 実際の執行の場面で、債務者がいたほうがスムーズだと現場で執行官が判断した場合には、債務者の帰宅を促すなどの一定の裁量はあると考えられるから、現場において子の福祉に配慮した結果、債務者にさせるという余地があるため、丙案でも弊害はない（第17回議事録参照）。
- 同時存在を原則という立場を採用した場合には、執行抗告の争点を増やすことになるから、本案で判断された人への引渡しを実現するということへの妨げになり得る可能性が高まり、その弊害も懸念される（第17回議事録）。

なお、ハーグ条約実施法の場合には債権者は必ずしも自分に引き渡せという権利を持っているわけではないので、民事執行法で想定している子の引渡しの場面と異なるという指摘もありました。

（萩生田　彩）

10　子の引渡し執行場所における審議経過

Q10　子の引渡しの執行場所については、どのような審議がされて、どのような制度となりましたか。

ポイント

1　ハーグ条約実施法と同様の規律とするのが適切かという点が審議されました。

2　結論としては、ハーグ条約実施法と同様に、原則として債務者の住居その他債務者の占有する場所において解放実施すべきとされました（新法175条１項）。しかし、子の心身に及ぼす影響、当該場所及びその周囲の状況その他の事情を考慮して相当と認めるときは、それ以外の場所においても、当該場所の占有者の同意、又は当該同意に代わる執行裁判所の許可（同条３項）を得て、解放実施することもできる（同条２項）こととされました。

3　占有者の同意が得られず執行不能となることを防ぐ観点から、同意は執行裁判所の許可で代替できることとされており、この同意に代わる裁判所の許可は、今般の改正で新たに採用された規律となります。ハーグ条約実施法においても改正により採用されています。

A

1　執行場所の問題

ハーグ条約実施法では、債務者や子のプライバシーの保護、第三者を巻き込む危険を回避するという観点から、原則として「債務者の住居その他債務者の占有する場所」において子の監護を解くために必要な行為（解放実施）を実施することとし、例外として、執行官が「子の心身に及ぼす影響、当該場所及びその周囲の状況その他の事情を考慮して相当と認めるとき」には占有する者の同意を得ることによってその他の場所での実施ができるとされていました（同法140条１項、２項）。

また、同法の施行後は国内の子の引渡しの実務でも、同様の考えから、債務者の住居において執行する実務となっており、学校等の施設や公道、公園などの場所での直接強制はほとんど行われなくなっていました（部会資料7・9～10頁参照)。

また、ハーグ条約実施法では、同時存在の原則が採用されていることから、債務者の住居等以外での解放実施が困難であるという問題もありました。

新法では債務者について同時存在の原則の採用はされないこととなったので、債務者の住居以外が執行場所となる可能性も高まり、現実にどのような規律が適切かが議論されました。

2 結 論

⑴ 執行場所の選択と第三者の財産権

学校や保育所などは、子が友達や他の子と共に多くの時間を過ごす場所であり、家庭環境が不安定な状態にある子にとって非常に重要な意味を有することが多いため、そのような場所が親同士の争いの場となりそれが友達や他の子に知られることは、子に対して相当大きな心理的な負担を与えることになります（部会資料22−2・4頁)。また、学校や保育所への立入り等が当該子以外の者の校内や施設内における活動の平穏等に影響を与え得るため財産権の保障への配慮も必要です。しかし、執行場所の占有者が子の祖父母等である場合にはそのような事情はあまりなく、占有者の財産権等の保障の必要性の程度は事案により異なります。

一方、強制執行の実効性確保の要請からは、債務者の占有する場所以外が執行場所として適切な場所ということもあり得ますので、新法ではハーグ条約実施法（140条1項、2項）と同様に、原則として債務者の住居その他債務者の占有する場所において解放実施すべき（新法175条1項）としていますが、子の心身に及ぼす影響、当該場所及びその周囲の状況その他の事情を考慮して相当と認めるときは、それ以外の場所においても、当該場所の占有者の同意、又は当該同意に代わる執行裁判所の許可を得て、解放実施ができる（同条2項、3項）こととされました。

3 審議経過

⑴ ハーグ条約実施法との平仄

旧法において、かつては保育園、学校などの債務者の住居以外の場所で執行することもあったが、ハーグ条約実施法においてどのような実施場所が適切なのか、子の福祉に資するのかという議論がなされたことを踏まえて、その趣旨からやはり国内執行も同様の考え方が妥当なのではないかという全国の現場の執行官の声などもあり、近時では債務者の住居において執行するということがほとんどであるという意見もありました（第4回議事録）。

執行場所を公道や学校といった場所で実施した場合には、債務者や子以外の第三者もその場にいることがあり、その観点からのプライバシー問題やこうした状況下で執行されることの相当性という点がハーグ条約実施法の制定の中でも議論になっていた、という点の指摘がありました（第4回議事録）。

部会においても、上記指摘を踏まえて強制執行の存在を第三者に知られたくないという債務者や子の心情への配慮等を理由に175条1項2項に賛成する意見がありました（部会資料15）。

⑵ ハーグ条約実施法との相違点

ハーグ条約の場合は、常居所地への返還というのが目的であるのに対して、国内の執行の場合には、単純な債権者への引き渡しであるから、この点について前提が異なるので同一の規律とする必要がないという指摘がありました（第4回議事録）。

⑶ プライバシーへの観点

上記に加え、学校内での執行については子の人的関係やプライバシーに与える影響が大きいことから、仮に、執行場所を占有する第三者の同意を得ることなく、子の引渡しの直接的な強制執行を行うことを認める場合には、学校関係者に対しても一定の手続上の関与を与える必要があるとの指摘もありましたが、この第三者の関与に関しては、当該第三者の意見聴取をすればよいとの指摘から採用されていません（部会資料15）。

他方、学校や保育園などの場所であって、子に馴染みのある安心できる場所の方が、子に無用な不安感を与えない場合もあり得る。子の生活の本拠である住居において執行しなければならないとなると、生活の本拠が凄惨な場所として子の記憶に残ることになりかねないという意見もありました（「民事執行法の改正に関する中間試案」に対して寄せられた意見の概要）。

⑷ 執行奏功性

執行の実効性の確保という点では、特に慎重な審理がされ多様な意見がありましたので以下に紹介します。

・執行逃れを想定した場合、執行場所を仮に子が現在居住している住居に限定するものだとすると、債務者側の承継執行につき検討しなければならないという指摘がありました（第4回議事録）。

・執行場所を原則として債務者の住居等に限定すると、債務者が子をその祖父母等に預けることにより容易に執行不能の状態を作出することができる旨の指摘がありました（部会資料15）。

・債務者以外の第三者が占有する場所への立入り等につき当該場所を占有する第三者の同意を必要とすることは合理的であるとの指摘や、保育所及び学校のような場所を執行場所とする場合には、その管理者の承諾を必要とすべきであるとの指摘があった一方、当該場所を占有する第三者の同意を得ることができない限り執行をすることができないのであれば、子の引渡しを命ずる債務名義の実現の実効性が妨げられるとの指摘や、執行場所の占有者が明らかでないとき、その占有者の速やかな同意を得ることが困難であるときは、同意不要とすべきであるとの意見、同意が得られなくても執行可能となるような対応策が検討されるべきであるとの意見がありました（部会資料15）。

・第三者の占有する場所での執行に関し、当該第三者の同意に代わる新法175条2項及び3項における許可がある場合であっても、実際の運用上は、事案によっては、まず当該第三者に対して同意をするように説得を行い、その同意が得られなかったときに、その場で当該許可の告知をするといったこともありうる、という意見がありました（部会資料19–2）。

・部会の議論においては、執行場所に訪れた者が子の引渡しの強制執行につき正当な権限を有する者であるか否か（執行官であるか否か等）を判断するために必要な知識や能力等を有しない場合があると考えられる保育所や学校に対し執行官の立入り等についての同意・不同意の判断をさせることは負担であり、そのような事態は極力避けるべきであるとの指摘もありました。

⑸ 結　論

上記のような意見・指摘を踏まえ、執行場所を占有する第三者の同意を要さずに執行場所への立入り等を可能とする余地を認めるべきであるので、一定の場合には当該第三者の同意に代わって執行裁判所が許可を与えることとするのが相当であるとする立場から、上記**2**のような規律となりました（部会資料15参考）。

（萩生田　彩）

11 子の引渡しにおける配慮事項

Q11 子の引渡しの執行の場面では、どのように子の心身への配慮がなされましたか。

ポイント

1　子の引渡しにおいては、なるべく任意の引渡しが行われるように執行官の権限が定められました。
2　子の心身に及ぼす影響、当該場所及び周囲の状況その他の事情を考慮して相当と認められる場合には、債務者の住居その他債務者の占有する場所以外で「必要な処分」を行うことができるとされました。
3　子の引渡しの直接強制の執行の際に、有形力の行使を超えて、子に対して威力を行使することはできません。

A

1　執行官の執行の場面における柔軟な対応について

国内の子の引渡しにおいて、執行裁判所は、執行官に子の引渡しを実施させることを命じることができることが明記されました（新法174条1項1号）。

そして、執行官は、債務者による子の監護を解くために「必要な処分」として、以下の各行為を行うことができるものとされました（新法175条1項）。

①　債務者に対する説得（同条1項柱書）
②　債務者の住居、その他債務者が占有する場所への立ち入り、子の捜索、閉鎖した戸を開くための開錠などの必要な措置（同条1項1号）
③　債権者、弁護士等債権者の代理人と、子又は債務者を面会させること（同2号）
④　債務者の住居、債務者が占有する場所へ債権者又は弁護士等の代

理人を立ち入らせること（同3号）

また、執行官は、債務者による子の監護を解くために必要な行為をするに際し、債権者又はその代理人に対し、必要な指示をすることができると定められています（同条9項）。

これらの執行官の権限は、子の任意の引渡しを可能とするための執行官による債務者への説得行為、そしてそれを実効あるものとするための執行官の権限として定められたものといえます。

2　債務者の住居その他債務者の占有する場所以外での「必要な処分」（新法175条2項）

子の引渡しを行う場合、必ずしも子が債務者の住居その他債務者が占有している場所にいるとは限りません。そのような場合に一切執行及び執行のために必要な処分ができないと執行の実行性が確保できません。もっとも、第三者の財産権への配慮も必要です。

そこで、執行官は、相当と認める場合には、債務者の住居その他債務者の占有する場所以外の場所でも、当該場所の占有者の同意を得て、または執行裁判所による許可を受けて、上記1①ないし④記載の「必要な処分」を行えるものとされました（同条2項、3項）。

「相当と認める場合」といえるかどうかの判断要素として、子の福祉が重要な意義を有することとなり、それによって子の心身への配慮をはかることとなります。

3　子への威力の行使は認められない

執行官は、子以外の者に対して威力を用いることができますが、子の心身への配慮から威力を用いることはできないとされました。また、子以外の者に対し威力を用いることが子の心身に有害な影響をもたらす場合には、子以外の者に対しても威力を用いることもできません（同条8項）。

執行官が債務者の子に対する監護を解く際に、子本人に対する威力のみならず、債務者に対して執行官が威力を用いている様子を目の当たりにすることで、子に精神的な悪影響を及ぼす場合があることがあるので、「子の心身に有害な影響をもたらす場合」には当該債務者または第三者に対する威力の行使も認めないこととしたものです。このようにして、子の心身に配慮しています。

現実にどのような行為が有形力の行使として、子に対しても認められるのかは、実務的に重要な問題です。よって、部会でも相当の審議がなされました。「威力」の意義や「有形力」との違いが不明瞭であると、有形力の行使による子の心身に対する悪影響が生ずる恐れがあるからです。

「威力」の文言はハーグ条約実施法140条4項及び5項においても用いられており、その意義は、抵抗する者に対して直接有形力を行使してその抵抗を排除することや、バリケードの設置等の物理的妨害に対して必要な限度で撤去や破壊をすることが許されるものと考えられており、子に対する有形力の行使に関し何が許されない「威力の行使」といえるかは子の年齢等に応じて個別に検討する必要があることが指摘されました。具体的には、子の引渡しに際し抵抗していない子が債務者の監護下から分離されるに際して拒絶する行為をしない子に対して執行官が身体的接触を伴う行為に及ぶことは「威力」の行使には当たらない、執行官が自立歩行の不可能な乳児をベビーベッドから抱き上げて債権者に引き渡す行為や、子が口で拒絶の意思を示していても身体的な抵抗までは示さないという場合にその子の手を引いたり肩を押したりするなど、子の意思を制圧しない程度の有形力を行使して子を誘導する行為は「威力」の行使には当たらないものと解されます。威力にあたるのは、典型的には、債務者の住居の中で逃げ惑う子を執行官が追い掛けて捕まえるような行為等と考えられます。有形力の行使の限界については、子の年齢等に応じて個別に検討する必要があるので、ハーグ実施法の規律以上の明確化が困難とされ、今後は解釈・運用に委ねることとなりました（部会資料20–2・25～26頁）。

（高砂　太郎）

12 子の引渡しを行う執行機関

Q12 **子の引渡しの執行機関については、どのような制度設計となりましたか。**

ポイント

子の引渡しの直接的な強制執行について、執行機関を執行裁判所とするのか、あるいは執行官とするのかについて議論がされた結果、改正民事執行法では、執行裁判所を執行機関とし、執行裁判所が、執行官に債務者による子の監護を解くために必要な行為を実施させる決定をする方法により行うこととされました（新法174条１項１号）。

この場合、実際の執行の場所においては、執行官が当該決定に基づき、執行補助（共助）機関として、債務者による子の監護を解くために必要な行為をすることになるところ（新法175条参照）、執行裁判所が執行官に子の引渡しを実施させる決定は、執行官に対し、債務者による子の監護を解くために必要な行為をする権限を付与する性質を有するものと考えられるため、その趣旨を明確にする観点から、執行裁判所は、当該決定において、執行官に対し、債務者による子の監護を解くために必要な行為をすべきことを命じなければならないこととされました（新法174条４項）。

A

1 執行機関に関する考え方

民事執行法は、金銭の支払いを目的としない請求権についての強制執行（非金銭執行、旧法第２章第３節）に関し、「与える債務」では直接強制の方法により（民執法168条、169条、新法170条）、代替的な作為・不作為義務のような「為す債務」では代替執行の方法により（民執法171条）、不代替的な作為・不作為義務では間接強制の方法によることとして（民執法172条）、請求権の性質に応じて異なる強制執行の方法を用意しています。このような枠組みを前提とする場合には、基本的には、請求権の性質との関係で直接強制と代替執行のいずれの方法によるかによって、執行機関を執行官とするのか（直接強制）、執行裁判所とするのか（代替執行）が定まると考えられます。

これに対して、子の引渡しの場面では、子を取り扱う手続きである等の特殊性に基づいて、現行法の枠組みを前提とせず、子の引渡しに特有の手続きを構想すべきであるという考え方もあります。このような考え方には、仮に、子の引渡しが、その請求権の性質から理論的には代替執行によって実現すべきものであるとしても、（代替執行では、執行裁判所の授権に基づいて執行官等が代替行為（作為）を実施するのが本来ではあるものの）執行官を執行機関とすることを説明できるとする考え方や、子の福祉のための適切な判断という観点から、執行機関を執行裁判所とすべきであるという考え方がありました（第7回部会資料「子の引渡しの強制執行に関する規律の明確化に関する検討⑵」第3の6参照）。

実際の審議では、民事執行法では実体法上の請求権の性質に応じて執行方法が定められていることから、子の引渡しを求める請求権の性質を踏まえてそれまでの同法の下での位置付けを検討し、その後に立法論として目指すべき具体的な規律の在り方について検討がされました。

2　中間試案の内容

中間試案では「直接的な強制執行の執行機関等」として、以下の甲案（執行裁判所が執行機関となる案）及び乙案（執行官が執行機関となる案）が検討されました。

甲案を採る場合には、旧法の代替執行の規律を参照するならば（民執法171条3項）、執行裁判所が債務者による子の監護を解くために必要な行為を第三者に実施させる決定をするに当たっては、債務者を審尋することとなり（民執法171条3項）、また、当該実施させる決定に対しては執行抗告（民執法171条5項）の方法によって不服を申し立てることができることになると考えられます。他方で、乙案を採る場合には、旧法の規律を参照するならば、債務者による子の監護を解いて債権者に監護させるという執行官の執行処分に対して執行異議（同法11条）を行う方法によって不服を申し立てることができることになると考えられます（中間試案（平成29年9月8日）のとりまとめ資料「中間試案補足説明」第3の5)。

【甲案】（執行裁判所が執行機関となる案）

⑴ 子の引渡しの直接的な強制執行は、執行裁判所が第三者に債務者による子の監護を解くために必要な行為を実施させる決定をする方法により行うものとする。

⑵ ⑴の決定は、債務者による子の監護を解くために必要な行為をする者として執行官を指定しなければならないものとする。

【乙案】（執行官が執行機関となる案）

子の引渡しの直接的な強制執行は、執行官が債務者による子の監護を解いて債権者に監護させる方法により行うものとする。

3 中間試案に対する意見

上述の中間試案に対して寄せられた意見としては、「子の引渡しの強制執行は、現在も執行官が行っており、ノウハウの蓄積がある」、「執行場所に臨場しない裁判官が、直接的な強制執行の条件等について、予め的確な判断を示すことは困難であり、執行官が、現場での臨機応変な対応を可能とする必要がある」として乙案に賛成する個人の意見もありました。

しかし、「個別の事案における具体的な執行方法を定めるに当たっては、強制執行の実効性の強化及び迅速性を確保し、子の心身に与える影響に配慮するために、子の年齢、監護状況、債務者の言動等を個別具体的に検討した上で判断する必要がある。このような判断をする主体は(家庭）裁判所がふさわしい」として、日本弁護士連合会や日本司法書士会連合会、各地の弁護士会等の多くは甲案に賛成する意見となりました。

また、上述の中間試案に対しては、裁判所から、甲案に対して「必要的審尋や執行抗告により手続遅延を招くことになる」との指摘や、乙案に対して「間接強制の前置の例外や、同時存在の例外などの規律が設けられるのであれば、執行官が判断することは困難である」との指摘もなされました（第15回部会参考資料「『民事執行法の改正に関する中間試案』に対して寄せられた意見の概要」72 ～ 73頁）。

4 部会における議論

部会においては、現在の実務では国内における子の引渡しの際、家庭裁判所、特に案件によっては債務名義を作成した裁判官が関与する形で、裁判所が関与する運用が一部行われていることに加え、各判断の際実質的な判断が必要となるところ、決められたことを執行するという執行官の本来の役割からすると、執行官に当該判断を委ねることは難しいことから、執行裁判所が執行機関として関与して、執行官に対する授権決定で実際の現場は対応されるのが望ましいという意見がだされました（第5回議事録23 ～ 24頁阿多委員発言参照）。当該意見に対しては、執行方法まで一から裁判所判断するとなると手続きとして重いものにならざるを得ず、実効性の確保、あるいは迅速な執行の確保の要請に反するのではないか（第4回議事録29頁石井幹事発言参照）との意見も出ましたが、それに対しては、現時点での事前ミーティング等は少なくとも審判前の保全処分であれば2週間で着手しなければならない前提でも対応できる形で準備されていると考えられることから、執行裁判所で裁判官が関与したが故に手続きが遅延することにはならない（第5回議事録24頁阿多委員発言参照）との意見も、出されました。

その他、スムーズな執行をするためには、本来個別具体的な対応が望ましく、そのためには事件に関与して事情を把握し、債務者及び債権者の性格の検討がつき、様々な事情を考慮したうえで、どのような人を配置したほうがよりスムーズに手続きを進められるという全体的な流れを組み立てた上での執行が求められることから、執行裁判所を執行機関とすべき（第8回議事録22頁柳川委員発言参照）との意見や引渡し方法について子の福祉を考える必要があるところ、当該判断は裁量性が高いため、執行裁判所が執行機関となるべき（同22～23頁山本（克）委員発言参照）との意見、及び子の引渡しを求める請求権は、端的な引渡請求権ではなく、親権者や看護者による親権・監護権の行使に対する妨害排除を求める請求権、すなわち、不作為義務の違反の結果の除去を求める請求権と整理すれば、執行裁判所を執行機関と説明することも可能である(同22頁松下委員発言参照)との意見が出ました。部会において、執行裁判所を執行機関とする意見に大きな反対は出ませんでした。

もっとも、これらの意見に対しては、執行裁判所を執行機関とすることについて大きく反対するものではありませんが、執行裁判所に対して、非常に過大な期待を抱きすぎているとの懸念が示されました。すなわち、家庭裁判所が執行裁判所になれば、一般的に子の引渡しの事件に関する知見を持っているものと思われますが、現行制度上、必ずしも当該債務名義を作成した裁判体が執行機関になるわけではないことから、具体的にどのように執行が上手くいくのかということについても、個別的な要素を十分考慮して適切に判断できることもあれば、逆に、具体的に決めてしまうとかえって身動きが取れなくなってしまうという懸念もあるため、執行機関は債務名義について速やかに判断できる制度として設計することが重要であり、子の福祉を強調し過ぎることで支障が生じないように慎重に考える必要がある(同22頁石井幹事発言参照)との意見です。

これらの意見等を踏まえ、改正法では、執行裁判所を執行機関とし、執行裁判所が、執行官に債務者による子の監護を解くために必要な行為を実施させる決定をする方法により行うこととされました（新法174条1項1号）。

執行官の権限については**本章Q8**もご参照ください。

（藤川　慎吾）

13 ハーグ条約実施法の見直し

Q13 ハーグ条約実施法に関しては、どのような見直しがなされましたか。

ポイント

今回の改正において、1 間接強制の前置に関する規定、2 債務者の審尋に関する規定、3 子と債務者の同時存在に関する規定、4 執行官の権限等に関する規定の見直しがあり、子の心身への配慮に関する規定の新設がなされました。

これらは、裁判の実効性を確保しつつ、子の利益に配慮するためのものであり、国際的な子の奪取の民事上の側面に関する条約（以下「ハーグ条約」という。）2条が「締結国に対して利用可能な手続きのうち最も迅速なものを用いる」と規定していることに対応したものです。また、改正前民事執行法と平仄を揃えるという視点で、法制審議会民事執行部会（以下「部会」いいます。）において審議がされました。

A

1 間接強制の前置に関する規定の見直し

(1) 従前の制度・問題点

改正前ハーグ条約実施法136条は、「子の返還の代替執行の申立ては、民執法172条1項の規定（間接強制の前置に関する規定、筆者注）による決定が確定した日から二週間を経過した後（当該決定において定められた債務を履行すべき一定の期間の経過がこれより後である場合は、その期間を経過した後）でなければすることができない。」と定められ、間接強制前置のため、執行までに時間がかかる、間接強制が効を奏せず直接強制をする場合、少なくとも2週間を要してしまう等の批判が国内外からありました。

⑵ 改正法

改正前ハーグ条約実施法136条の規定（間接強制の前置に関する規定）が見直され、子の返還の代替執行の申立ては、次の1号から3号までのいずれかに該当するときでなければすることができないものとされ、ハーグ条約実施法136条に下記各号が新設されました。

一　民事執行法第172条第１項の規定による決定が確定した日から二週間を経過したとき（当該決定において定められた債務を履行すべき一定の期間の経過がこれより後である場合にあっては、その期間を経過したとき）。
二　民事執行法第172条第１項に規定する方法による強制執行を実施しても、債務者が常居所地国に子を返還する見込みがあるとは認められないとき。
三　子の急迫の危険を防止するため直ちに子の返還の代替執行をする必要があるとき。

今回、民事執行法が改正されることにより、ハーグ条約2条が締結国に対して当該国内法上最も迅速な手続を求めていることを満たさなくなるために、民執法172条と同様の規定が新設され、同法と平仄が合わせられたものです。なお、子の利益に配慮する（ここでは迅速な執行）という理由を考慮するという観点を明確にするという趣旨も含まれています。

2 債務者の審尋に関する規定の見直し

⑴ 従前の制度・問題点

現行のハーグ条約実施法では、民執法171条1項の規定により、授権決定をする場合には、同条3項により債務者を審尋しなければなりませんでした。

しかし、審尋をすることによって、結果として、債務者が子の所在場所を変えるなどして執行妨害を行う機会を与えることになるという問題点がありました。

(2) 改正法

執行裁判所は、民執法171条3項の規定にかかわらず、子に急迫した危険があるときその他の審尋をすることにより強制執行の目的を達することができない事情があるときは、債務者を審尋しないでハーグ条約実施法134条1項の決定（子の返還を実施させる決定）をすることができるものとするとされました。

債権者の審尋を実施しても執行裁判所の判断の適法性につながるとも限らず、かえって強制執行の目的の達成を困難とする場合には債務者に対する審尋を要さないという改正民事執行法と同様の議論があてはまる部分であり、今回、改正がなされたものです。

3 子と債務者の同時存在に関する規定の見直し

(1) 従前の制度・問題点

改正前ハーグ条約実施法140条3項は、債務者による子の監護を解くために必要な行為（同条1項、2項）を、「子が債務者と共にいる場合に限り、することができる」とし、子と債務者の同時存在が要件とされています。これは、できる限り債務者の協力を得た上で返還を実施することが子の利益にかなう（金子修編『一問一答　国際的な子の連れ去り』への制度的対応―ハーグ条約及び関連法規の解説』（商事法務、2019年、286頁参照））という考えによります。しかし、子が高い葛藤の場面（例えば、実際に生活している親から引き離されたり、元夫婦間のいわゆる修羅場に巻き込まれたりすること）に直面することが少なくないという問題がありました。

(2) 改正法の概観

ア　ハーグ条約実施法140条3項の規定（子と債務者の同時存在に関する規定）を見直し、同法による子の監護を解くために必要な行為は、債権者が執行の場所に出頭した場合に限り、することができるものとされました。

イ　執行裁判所は、債権者が執行の場所に出頭することができない場合であっても、その代理人が債権者に代わって執行の場所に出頭することが、当該代理人と子との関係、当該代理人の知識及び経験その他の事情に照らして子の利益の保護のために相当と認めるときは、前記アの規定にかかわらず、債権者の申立てにより、当該代理人が執行の場所に出頭した場合においても、ハーグ条約実施法による子の監護を解くために必要な行為をすることができる旨の決定をすることができるものとされました。

ウ　執行裁判所は、いつでも前記イの決定を取り消すことができるものとされました。

(3) コメント

子供が高い葛藤の場面に直面することを避けることが可能になり、子の心身の負担への配慮がなされました。また、判決の執行段階において、対立している債務者の協力を前提とする手続でなくなる方向に改正をすることで、強制執行の実効性を確保するという側面があるでしょう。

4　執行官の権限等に関する規定の見直し

(1) 従前の制度・問題点

改正前ハーグ条約実施法140条2項は、債務者の住居等以外の場所で、子の監護を解くために必要な行為を行う場合、「当該場所を占有する者の同意を得」る必要があり、例えば、占有者が債務者の親族であった場合、執行妨害のために上記同意をしないという問題がありました。改正民事執行法の準用条文との対応を踏まえ、今回の改正法の概観を以下に、示します。

(2) 改正法の概観

ア　執行官は、債務者による子の監護を解くために必要な行為として、債務者に対し説得を行うほか、債務者の住居その他債務者の占有する場所において、次に掲げる行為をすることができるものとされました（新法175条1項に対応）。

(ア) その場所に立ち入り、子を捜索すること。この場合において、必要があるときは、閉鎖した戸を開くため必要な処分をすること（同項1号に対応）。

(イ) 返還実施者、債権者若しくは前記**3**(**2**)イに規定する代理人と子を面会させ、又は返還実施者、債権者若しくは前記**3**(**2**)イに規定する代理人と債務者を面会させること（同項2号に対応）。

(ウ) その場所に返還実施者、債権者又は前記**3**(**2**)イに規定する代理人を立ち入らせること（同項3号に対応）。

イ 執行官は、子の心身に及ぼす影響、当該場所及びその周囲の状況その他の事情を考慮して相当と認めるときは、前記アに規定する場所以外の場所においても、債務者による子の監護を解くために必要な行為として、当該場所の占有者の同意を得て又は後記ウの規定による許可を受けて、前記ア(ア)から(ウ)までに掲げる行為をすることができるものとされました（同条2項に対応）。

ウ 執行裁判所は、子の住居が前記アに規定する場所以外の場所である場合において、債務者と当該場所の占有者との関係、当該占有者の私生活又は業務に与える影響その他の事情を考慮して相当と認めるときは、債権者の申立てにより、当該占有者の同意に代わる許可をすることができるものとされました（同条3項に対応）。

エ 執行官は、前記ウの規定による許可を受けてハーグ条約実施法による子の監護を解くために必要な行為をするときは、職務の執行に当たり、当該許可を受けたことを証する文書を提示しなければならないものとされました（同条4項に対応）。

(3) コメント

前記(**2**)ウにおいて、執行裁判所が、占有者の同意に代わる許可をすることができるとしていますが、これは国内法における議論（部会資料20−1・第3、3(3)及び(2)参照）の趣旨が当てはまるため同様の規定が新設されたものです。また、改正民事訴訟法の条文を準用している点からも分かるとおり、同法と平仄を合わせています。

5 まとめ

⑴ 子の心身への配慮に関する規定の新設

今回の改正は、子の利益をより確保するためのものであったといえます。執行裁判所、執行官及び返還実施者は、子の返還の代替執行の手続において子の返還を実現するに当たっては、子の年齢及び発達の程度その他の事情を踏まえ、できる限り、当該強制執行が子の心身に有害な影響を及ぼさないように配慮しなければならないという趣旨がより盛り込まれた結果と評価できます。

⑵ 今回の改正に関する評価

子の引渡しの強制執行に関して、日本の裁判では子の返還命令が実現できないという認識を一部の外国がもっていることが指摘されています（部会第20回議事録29頁参照)。これは、アメリカ国務省が平成30年5月16日に公表した国際結婚破綻時の子供の連れ去りに関する年次報告において、日本がハーグ条約に基づく義務の不履行国に認定されていることからもうかがえます。なお、今回の法改正状況が評価され、2019年の年次報告ではこの不名誉な認定は解除されました(『時事通信』2019年5月11日等)。

（本多　基記）

第5章

債権執行事件の終了と差押禁止債権の見直し

1　差押債権者が取立権を行使しない場合の規律

Q1　差押命令が発令され、債権者に取立権が発生した後に、裁判所によって当該差押命令が取消されてしまう場合について教えてください。

ポイント

差押債権者は取立権を取得した日から支払を受けることなく２年を経過した時は、同項の支払を受けていない旨を執行裁判所に届け出なければなりません（新法155条５項）。そして、２年を経過した後４週間以内に上記の届出をしない場合、執行裁判所は当該差押命令を取消すことができます（同条６項）。

もっとも、差押命令の効力の維持を求める救済措置として、届出の追完ができます（同条７項）。

A

1　改正前の状況

(1)　差押事件の終了

金銭債権を差し押さえる場合には、差押命令が第三債務者に送達された時に差押えの効力が生じるとともに（民執法145条4項）、差押命令が債務者へ送達された時から1週間を経過した時に、差押債権者に取立権が与えられ（同法155条1項）、この取立てに応じて第三債務者が支払をした場合、請求債権が弁済されたものとみなされます（同条2項）。

このように債権執行では、原則として、回収の満足の過程を私人である差押債権者の取立てに委ねているという特色があり、その進行状況を執行裁判所が把握するため、差押債権者は、第三債務者から支払を受けた時は、直ちにその旨を執行裁判所に届け出ることとされています（同条3項）。

このような取立てが行われる場面では、債権執行事件は、基本的に、差押債権者が、差押債権の全部を取り立てた後、その旨の届出（取立完了届）を提出した時に、終了することになります。

また、給料債権等の継続的給付の差押えでは、毎月の給料等を取り立てるごとに取立届を提出し、請求債権の全部を取り立て終えた月にその旨の取立完了届を提出し、これによって債権執行事件が終了することとなります。

もっとも、差押債権者がこれらの届出を怠っていても、これに対する制裁は設けられておらず、執行裁判所において事件を終了させるための代替的な方法も特に用意されていませんでした。

他方、差押債権が存在しない（いわゆる空振り）あるいは残額がわずかである等の事情により取立てが行われない場合についても、執行裁判所において事件を終了させる方法が特に用意されておらず、実務的には、差押債権者が申立てを取り下げることによって事件を終了させることとされていました。差押債権の一部を取り立てたものの、何らかの事情によりその残部の取り立てが行われない場合も、取立届出に加えて申立の取下げ（取立て済み部分は除く）がされた時に、事件が終了するとされていました。

しかし、差押債権者に申立を取り下げる義務が定められているわけではなく、その意味で、執行裁判所において事件を終了させるための方法は設けられていませんでした。

⑵　従前の手続の問題点

ア　執行裁判所の事務処理の負担増大という不利益

前述のように、差押債権者には取立ての届出は義務づけられているものの、届出を怠った場合の制裁は設けられておらず、差押債権者にとって届出をするインセンティブに乏しい状況でした。

また、申立の取下げについても、差押債権者は義務を負うものではなく、むしろ請求債権の残部について新たに時効が進行する契機となるという意味で、自己に不利益な行動と見られる一面すらあります。

このように、差押債権者の協力が得られない限り、事件を合理的に終了させる方策がなかったため、これに伴う執行裁判所の事務処理上の不利益が指摘されていました。債権執行事件の進行・管理の職責を負う執行裁判所にとっては、将来に向かって係属事件の数が増え続けることになりかねません。

イ　第三債務者の不利益

第三債務者は、自ら供託という権利行使をしない限り、長期にわたり差押えの拘束を受け続けることになりかねません。

ウ　債務者の不利益

平成29年5月26日に改正される以前の民法においては、差押えは時効の中断事由とされ（民法147条2号）、その事由が終了した時から新たに時効が進行するとされていました（同法157条1項）。

よって、例えば第三債務者からの陳述で被差押債権がわずかであることが判明したため、差押債権者が取立権を行使しないで放置しているような場合であっても、請求債権について新たな時効が進行しない、という不合理な事態が生じていました。

2　改正～差押債権者が取立権を行使しない場面における規律

(1)　基本的な枠組み

この点、債権執行事件を終了させるためには、最終的には差押えの効力を失わせる必要があり、かつそれで足りることから、今回の法改正では、執行裁判所が、差押命令を取り消すことによって債権執行事件を終了させるよう規律することになりました。

もっとも、差押債権の中には、条件付や期限付のもの等、差押債権者が直ちにその取立てをすることが出来ないものもあります。このほか、例えば継続的給付にかかる債権に対する差押えのように、差押えの当初からある程度の長期間にわたって債権（支分権）の確定期限が順次到来することが想定されているものもあります。また、差押債権者が取立訴訟（同法157条）を提起することで取立権を行使している場面もあります。さらに、例えば差押債権者が第三債務者の資産状況を考慮して一時的にその支払を猶予しているというような場面や、債務者との間で支払方法等の協議をしている場面などもあり得えます。

これらのような場面に対応するためには、取立権の発生から一定の期間が経過したとしても、執行裁判所が直ちに取消し得るとするのではなく、一定の場合には差押命令の効力を維持しておく仕組みにする必要がありました。

そこで、取立権の発生から一定の期間が経過した場合に、差押債権者に対して一定の届出を義務付け､差押債権者がこの届出を怠った場合に、執行裁判所が差押命令の効力を消滅させることによって、事件を終了するよう改正されました。

(2) 改正の内容

改正の具体的内容は、以下のとおりです。

ア 届出の義務化

まず、差押債権者の届出を義務化し、差押債権者は、新法155条1項の規定により金銭債権を取り立てることができることとなった日（同条第3項又はこの項の規定による届出をした場合にあっては、最後に当該届出をした日）から同条3項の支払を受けることなく2年を経過した時は、同項の支払を受けていない旨を執行裁判所に届け出なければならない、と改正されました（新法155条5項)。

イ 執行裁判所による取消決定による終了

その上で、新法155条1項の規定により金銭債権を取り立てることができることとなった日から2年を経過した後4週間以内に差押債権者が同条第3項又は前項の規定による届出をしない時は、執行裁判所は、差押命令を取り消すことができるとし、差押債権者が届出をしない場合、執行裁判所は差押命令を取り消すことにより債権執行手続を終了させることができるよう改正されました（新法155条6項)。

ウ 届出を失念した差押債権者の救済（1週間以内の届出）

取消決定がされた場合の、差押債権者の差押命令の効力の維持を求める救済措置としては、執行抗告（民執法12条参照）を認めることも検討されましたが、執行抗告のような上級審判断を求める重い手続までは必要ないと判断され、簡易な方法よって取消決定の効力を覆すことができるよう改正されました。すなわち「差押債権者が前項の規定により差押命令を取り消す旨の決定の告知を受けてから1週間の不変期間内に第4項の規定による届出（差押えられた金銭債権の全部の支払を受けた旨の届出を除く。）又は前第5項の規定による届出をした時は、当該決定は、その効力を失うものとする。」との規定が設けられました（新法155条7項）。

エ 届出のみなし規定

さらに、関係する新法155条の改正としてはもう1つ、「差押債権者が、第5項に規定する期間を経過する前に執行裁判所に第3項の支払を受けていない旨の届出をしたときは、第5項及び第6項の規定の適用については、第5項の規定による届出があったとみなす。」との規定も設けられました（新法155条8項）。

オ 時効に関する留意点

以上に説明したとおり、本改正は、執行裁判所において債権差押手続を取消し得るとしたものですが、この点、平成29年5月26日の民法改正により、差押（強制執行）は消滅時効の「更新」事由（従前の「中断」と同様にそれまでの時効期間経過が無効化される効力を有する）とされたところ（改正民法148条1項1号）、差押（強制執行）が「法律の規定に従わないことによる取消し」によって終了した場合には、「更新」の効果は生じず、「完成猶予（終了した時から6か月間時効が完成しない）」の効力を生じるに過ぎないことになりました（同条2項但書）。このことは、本稿で説明した取消しについても当てはまりますので、この点注意が必要です。

（田伏　いづみ）

2 債務者への差押命令等が未了の場合の規律

Q2 **債務者に差押命令の送達ができない場合の手続きについて教えてください。**

ポイント

執行裁判所は、差押債権者に対し、相当の期間を定め、その期間内に送達をすべき場所の申出（送達をすべき場所が知れない時等には公示送達の申立て）をすべきと命ずることができます。

この場合において、差押債権者がかかる申出をしない時は、執行裁判所は差押命令を取り消すことができます。

A

1 改正前の状況

差押命令の送達は、基本的には執行裁判所が職権で行うこととされていますが（民執法20条、民事訴訟法98条1項等）、実務上は、差押債権者の協力なしに執行裁判所が債務者の住所等を確認することは容易ではありません。

そのため、例えば、差押債権者が債務者の転居先を把握しておらず、かつ所在調査に不熱心である等のため、差押命令が債務者に送達されないままになることがあります。

その背景としては、先に差押命令の送達を受けた第三債務者の陳述（民執法147条）により、差押債権が存在しないことやその額がわずかであることが判明したため、差押債権者に、債務者へ差押命令を送達するための所在調査を行うインセンティブが失われるといった事情等が考えられます。

差押命令が債務者に送達されなければ、差押債権者に取立権が発生しないため（新法155条1項）、差押手続を進行させることができない状態が長期間継続することになります。加えて、差押命令が債務者に送達されていなくても第三債務者に送達されれば差押の効力自体は生じることから、それに対する債務者の不服申立の機会を確保するという観点からも問題があります。

裁判所としても、事件記録を管理したまま、定期的に差押債権者に対して連絡して取り下げを促したり、債務者の連絡先についての調査を促す等を行うことになりますが、本来、他の執行事件に振り分けることができる人的・物的な資源をこうした不誠実な差押債権者への対応に割くことは望ましくありません。

2 改正内容

このような状況を踏まえ、以下の内容の改正がなされました。

(1) 差押債務者に対する送達場所等の申立命令

債権を差し押さえた場合において、債務者に対する差押命令の送達をすることができない時は、執行裁判所は、差押債権者に対し、相当の期間を定め、その期間内に送達をすべき場所の申出（送達をすべき場所が知れない時等には、公示送達の申立）をすべき旨を命じることができます（新法145条7項）。

(2) 申出なき場合の差押命令の取消し

(1)の場合において、差押債権者が相当の期間内に送達をすべき場所の申出（送達場所を知れない時等には、公示送達の申立て）をしない時は、執行裁判所は、差押命令を取り消すことができます（同条8項）。

3 解 説

(1) 参考となる他の制度

今回の改正で、差押命令の債務者への送達が未了の場合についても、執行裁判所は差押命令を取り消し得るものと定められました。

参考となる現行の他の制度として、訴状の送達をすることができない場合、裁判長は相当の期間を定めて送達すべき場所の補正を命じることとし、原告が補正しない時には訴状を却下しなければならない旨を定める民事訴訟法138条2項・137条や、債務者に支払督促を送達することができない場合に裁判所書記官はその旨を債権者に通知しなければならないとし、その後2か月の不変期間内に債権者が送達すべき場所の申出をしない時は支払督促の申立てを取り下げたものとみなす旨を定める民事訴訟法388条3項があります。

⑵ 差押債務者による申出命令への対応

差押債権者がその補正をする方法としては、債務者の所在を調査した上で新たに送達をすべき場所の申出をすることの他、債務者の住所、居所その他送達すべき場所が知れない場合等（民執法110条1項各号参照）には、公示送達の申立てをすることになります。

この点、差押債権者が新たな送達場所の申出をしたが、新たな送達場所においても送達することができなかった場合には、執行裁判所は直ちに取消決定をするのではなく、裁判所書記官からその旨の連絡をするとともに、再度、送達場所の補正を命じるのが相当であると考えられています。申立書の記載に誤りがあること等が原因で送達することができない場合も同様です。

4 参考～不動産執行に関する規律

債務者への決定書の送達が未了のまま、漫然と長期間が経過するという事態は、債権執行事件に限られず、不動産執行等の他の執行事件においても生ず得るものです。

しかし、不動産執行の申立てに際しては、申立人は比較的多額の費用を予納する必要があるから、差押命令を債務者に送達することができず、事件を進行することができない場面になれば、予納金を取り戻すためにも強制執行の申立てを取り下げることとなる（そのようなインセンティブが事実上働く）のが通常です。実際、現在の不動産執行の実務においては開始決定の送達未了が原因で事件が滞留しているといった事態は必ずしも生じていないとみられます。

また、不動産執行に関しては、不動産強制競売開始決定を債務者に送達することができなかった事案において、債権者に対して送達場所の補正を命じた上で、所定の期間内に補正がないことを理由として開始決定を取り消した裁判例（東京地決平成3年11月7日金法1314号31頁）も存在します。

そこで、不動産執行における送達未了の場面に関しては、今回の改正では特段の規定を設けることはせず、手続の終了については、引き続き上記裁判例のように個別の事案における具体的事情を考慮した上で、解釈によって対応することと判断されました。

（田伏　いづみ）

3 差押禁止債権に関する取立権の発生時期の見直し

Q3 **差押命令が債務者の給料・賞与・退職金等について発令された場合の、債権者の取立権が発生する時期について教えてください。**

ポイント

給料等の民事執行法152条が差押禁止債権として定める債権が差し押さえられた場合に関する債権者の取立権の発生時期が、債務者に対して差押命令が送達された日から「1週間を経過したとき」から、「4週間を経過したとき」へと、変更されました（新法155条2項)。

但し、差押債権者の債権に、婚姻費用や養育費など、同法151条の2第1項各号が定める定期金債権が含まれている場合は、この変更は適用されません。

A

1 債権者の取立権

預金債権、給料債権等の金銭の支払を目的とする債権（金銭債権）を対象とした民事執行である債権執行は、債権者が債務者の有する第三債務者に対する債権を差し押さえる形態の強制執行手続であるところ、金銭債権を差し押さえた債権者は、原則として、債務者に対して差押命令が送達された日から1週間を経過した場合に、その債権を自ら取り立てることができます(新法155条1項本文)。この債権者の権利を、取立権といいます。

ここで、1週間の経過が必要とされるのは、差押命令に対する不服申立手段である執行抗告期間の満了を待つためです（新法145条5項・同10条2項)。

なお、債権者が第三債務者から支払を受けたときは、差押債権（及び執行費用）は支払を受けた額の限度で弁済されたものとみなされ（新法155条2項)、これによって、債権者は、被差押債権から自己の債権の満足を受けることができますが、転付命令（新法159条・同法160条、本章Q4参照）の場合と異なり、他の債権者との関係では、被差押債権を第三債務者が供託したり、差押債権者自らが提訴した取立訴訟の訴状の第三債務者への送達が完了されたりするまでの間に、他の債権者が同じ被差押債権に差押えをした場合には､配当等が実施されることになり、結果的には他の債権者と按分して権利行使を行うことになりますので、そのような場合は必ずしも独占的な満足を受けることはできません（民執法149条・165条)。また、複数の差押えが競合した場合には、第三債務者は各々の債権者に対して被差押債権の支払をすることはできず、供託する必要があります（義務供託。民執法156条2項)。

2　差押禁止債権

⑴　法律で定められた差押禁止の範囲

1で述べたような債権者の権利が定められている一方で、債権者による債権差押えによって債務者の生活が困窮する事態が発生することを防止し、債務者の生活を保障するため、民事執行法上、差押禁止債権の範囲が定められています（民執法152条)。

すなわち、債務者が生計を維持するために必要な、給料・賞与・退職金等の債権については、支払期に受けるべき給付の4分の3に相当する金額が差押禁止とされており（民執法152条1項2号・2項)、原則としてその4分の1に相当する金額しか差し押さえることができません。

なお、例外的に、給料等につき上記4分の3に相当する金額が1か月33万円を超える場合は、上記の割合に関わらず、33万円のみが差押禁止となり33万円を超える分を差し押さえることができます（民執法152条1項柱書かっこ書き・同法施行令2条1項1号)。

⑵　差押禁止債権の範囲の変更

⑴で述べた、法律で定められた差押禁止債権の範囲については、今回の民事執行法の改正で実現された債務者財産の管理制度の見直し等による債権者の地位の強化との関係で、逆に、債権を差し押えられた債務者

の保護も必要になるとの観点から、4分の1相当金額以内という割合的な制限に加え、更に絶対的に差押が禁止される最低限度設定額を設けることで差押禁止範囲を拡張する等、差押禁止債権の範囲自体を見直す議論もありましたが、今回の改正においては、最終的には見送られました。

もっとも、現行の民事執行法においても、個別の事件の事情如何によって、差押えられる債権の金額を少なく変更することは可能です。すなわち、債務者の申立てによって、執行裁判所が、債務者及び債権者の生活の状況その他の事情を考慮して、差押命令の全部もしくは一部を取り消すという方法により、差押禁止債権の範囲を拡張することができます(民事執行法153条)。(なお、逆に、債権者の立場では、同条に基づき、法律上差し押さえてはならないとされている債権の部分について差押命令を発するよう申し立てるという方法により、差押禁止債権の範囲を縮小することができます。)。

ただし、従来は、①そもそも債務者がかかる差押禁止債権の範囲変更の制度の存在を十分に認識していない、②債務者が範囲変更の申立ての準備をしている間に債権者によって取立権が行使されてしまい、差押債権が取り立てられてしまう、等の理由により、この差押禁止債権の範囲変更の制度は、あまり活用されていない状況にあり、債務者保護の観点からは制度的に十分でない面がありました。

3 差押禁止債権に関する債権者の取立権の発生時期の改正

そこで、このような状況を改善すべく、今回の民事執行法の改正においては、①差押禁止債権の範囲変更の制度の存在を、裁判所書記官が債務者に対して教示することを定める(新法145条4項、**本章Q7**参照)とともに、②給与等の差押禁止債権が差し押さえられた場合については、債務者に差押禁止債権の範囲変更の申立てを行うための十分な準備期間を与えるという趣旨に基づいて、債権者の取立権の発生時期を、差押命令が債務者に送達された日から1週間を経過したときから、同日から「4週間」を経過したときへと遅らせることとされました(新法155条2項)。

もっとも、差押債権者の債権に、婚姻費用や養育費等の扶養義務に係る金銭債権が含まれている場合には、差押債権者においてその権利を実現する必要性が高いことから、上記の改正は適用されないこととされ、債権者の取立権の発生時期に変更はなく、従前どおり、差押命令が債務者に送達された日から１週間を経過したときに、債権者の取消権が発生することになります（同条項かっこ書き）。

４ 結 論

以上より、従前は、債務者の給料・賞与・退職金等の債権についても発令された差押命令が債務者に対して送達されたときから１週間を経過した時点で、債権者の取立権が発生していましたが、今回の改正によって、差押債権者の債権に扶養義務等にかかる定期金債権が含まれている場合を除き、当該差押命令が債務者に対して送達されたときから４週間を経過した時点で、債権者に取立権が発生することになります（新法155条２項）。

（青木　和久）

4 差押禁止債権に関する転付命令の効力発生時期の見直し

Q4 **差押命令が債務者の給料・賞与・退職金等について発令され、さらに債権者の申立てにより転付命令が発令された場合の、転付命令が効力を生じる時期について教えてください。**

ポイント

給料等の民事執行法152条が差押禁止債権として定める債権が差し押さえられ、さらに当該債権につき転付命令が発令された場合の、転付命令の効力発生時期が、「転付命令が確定したとき」から、「転付命令が確定し、かつ、債務者に対して差押命令が送達された日から４週間を経過」したときへと、変更されました（新法159条６項）。

但し、差押債権者の債権に、婚姻費用や養育費など、151条の２第１項各号が定める定期金債権が含まれている場合は、この変更は適用されません。

A

1 転付命令

預金債権、給料債権等の金銭の支払を目的とする債権（金銭債権）を対象とした民事執行である債権執行は、債権者が債務者の有する第三債務者に対する債権を差し押さえる形態の強制執行手続であるところ、金銭債権を差し押さえた債権者は、取立権（新法155条、本章Q3参照）を行使して自ら当該金銭債権を第三債務者から取り立てることができるほか、裁判所に転付命令の申立てを行い、その発令を受けることによって独占的に弁済を受けることもできます（新法159条・160条）。

すなわち、転付命令とは、差押債権者の申立てにより、支払に代えて被差押債権を券面額（債権の名目額として表示される一定の金額）で差押債権者に移転させる命令のことであり（新法159条1項）、発令されると、債務者及び第三債務者に送達されます（同条2項）。

転付命令の申立てについての決定に対しては、不服申立手段として執行抗告をすることができ（同条4項・同法10条）、転付命令は、原則として、命令が確定した時に効力を生じることになります（同条5項）。

そして、転付命令が効力を生じると、移転された被差押債権が存在する時は、当該転付命令が第三債務者に送達された時に、差押債権者の債権（及び執行費用）は被差押債権の券面額で弁済されたものとみなされます（新法160条）。これによって、転付命令を受けた債権者は、独占的に被差押債権から自己の債権の満足を受けることができるのです。

この点、差押債権者が取立権を行使する場合には、第三債務者による供託や取立訴訟の訴状の第三債務者への送達等がなされるまでに他の債権者が差押えをした場合等には、配当等が実施されることになる等、それらの債権者と按分して権利行使を行うことになってしまう（民執法165条、**本章Q3**参照）のに対して、転付命令の発令を受けた場合は、独占的な満足を得ることができるという点に、そのメリットがあります。

一方で、被差押債権に券面額がある限り、第三債務者が無資力であっても転付命令によって債権者の債権は消滅してしまうので、第三債務者の無資力の危険を一人で負担するというデメリットもあります。

なお、転付命令は当該差押債権者に独占的な満足を得させる効力を有するというその性質から、転付命令が第三債務者に送達されるまでに、当該被差押債権について他の債権者が差押え・仮差押え・配当要求をしていた場合には、転付命令は効力を生じません（新法159条3項）。

2　差押禁止債権

(1)　法律で定められた差押禁止の範囲

1で述べたような債権者の権利が定められている一方で、債権者による債権差押えによって債務者の生活が困窮する事態が発生することを防止し、債務者の生活を保障するため、民事執行法上、差押禁止債権の範囲が定められています（民執法152条）。

すなわち、債務者が生計を維持するために必要な給料・賞与・退職金等の債権については、支払期に受けるべき給付の4分の3に相当する金額が差押禁止とされており（民執法152条1項2号・2項）、原則としてその4分の1に相当する金額しか差し押さえることができません。

なお、例外的に、給料等につき上記4分の3に相当する金額が1か月33万円を超える場合は、上記の割合に関わらず、33万円のみが差押禁止となり33万円を超える分を差し押さえることができます（民執法152条1項柱書かっこ書き・同法施行令2条1項1号）。

(2) 差押禁止債権の範囲の変更

(1)で述べた、法律で定められた差押禁止債権の範囲については、今回の民事執行法の改正で実現された債務者財産の管理制度の見直し等による債権者の地位の強化との関係で、逆に、債権を差し押さえられた債務者の保護も必要になるとの観点から、4分の1相当金額以内という割合的な制限に加え、更に絶対的に差押が禁止される最低限度設定額を設けることで差押禁止範囲を拡張する等、差押禁止債権の範囲自体を見直す議論もありましたが、今回の改正においては、最終的には見送られました。

もっとも、現行の民事執行法においても、個別の事件の事情如何によって、差押えられる債権の金額を少なく変更することは可能です。すなわち、債務者の申立てによって、執行裁判所が、債務者及び債権者の生活の状況その他の事情を考慮して、差押命令の全部もしくは一部を取り消すという方法により、差押禁止債権の範囲を拡張することができます(民執法153条。なお、逆に、債権者の立場では、同条に基づき、法律上差し押さえてはならないとされている債権の部分について差押命令を発するよう申し立てるという方法により、差押禁止債権の範囲を縮小することができます。)。

ただし、従来は、①そもそも債務者がかかる差押禁止債権の範囲変更の制度の存在を十分に認識していない、②債務者が範囲変更の申立ての準備をしている間に債権者によって転付命令の申立てがなされてしまい、その効力が発生してしまう、等の理由により、この差押禁止債権の範囲変更の制度は、あまり活用されていない状況にあり、債務者保護の観点からは制度的に十分でない面がありました。

3　差押禁止債権に関する転付命令の効力発生時期の改正

そこで、このような状況を改善すべく、今回の民事執行法の改正においては、給与等の差押禁止債権が差し押さえられた場合の転付命令の効力発生時期についても、債務者に差押禁止債権の範囲変更の申立てを行うための十分な準備期間を与えるという趣旨に基づいて、「転付命令は、確定しなければその効力を生じない」から、「確定し、かつ、債務者に対して差押命令が送達された日から４週間を経過するまではその効力を生じない」へと変更され、効力発生時期を遅らせることとされました（新法159条６項）。

もっとも、差押債権者の債権に、婚姻費用や養育費等の扶養義務に係る金銭債権が含まれている場合には、差押債権者においてその権利を実現する必要性が高いことから、上記の改正は適用されないこととされ、従前どおり、当該転付命令が確定した日に、転付命令の効力が発生することになります（同条項かっこ書き・同条５項）。

4　結　論

以上より、債務者の給料・賞与・退職金等の債権が差し押さえられ、転付命令が発令された場合、従前は、転付命令が確定した時点で効力が発生しましたが、今回の改正によって、差押債権者の債権に扶養義務等にかかる定期金債権が含まれている場合を除いて、転付命令が確定し、かつ、債務者に対して差押命令が送達された日から４週間を経過した時点で、当該転付命令の効力が発生することになります（新法159条６項）。

（青木　和久）

5 差押禁止債権に関する譲渡・売却・管理命令の効力発生時期の見直し

Q5 差押命令が債務者の給料・賞与・退職金等について発令され、さらに債権者の申立てにより譲渡命令・売却命令・管理命令が発令された場合の、これらの命令が効力を生じる時期について教えてください。

ポイント

1 今回の改正で、差押命令が債務者の給料・賞与・退職金等について発令され、さらに債権者の申立てにより譲渡命令・売却命令・管理命令が発令された場合、これらの命令が効力を生じる時期は、各命令が確定し、かつ、債務者に対して差押命令が送達された日から4週間を経過したときとなりました。

2 ただし、差押債権者の債権に養育費等の定期金債権が含まれているときについては、ポイント1の改正は対象外であり、これらの命令が効力を生じる時期は、通常の債権執行と同じく、各命令が確定したときとなります。

A

1 譲渡命令・売却命令・管理命令

譲渡命令・売却命令・管理命令とは、差押債権が条件付き・期限付き、反対給付に係ることその他の事由によりその取立てが困難であるときに、差押債権者の申立てにより発令される制度であり、それぞれ、執行裁判所が定めた金額を支払うことにより差押債権者に譲渡するのが譲渡命令、取立てに代えて執行裁判所の定める方法によりその債権の売却を執行官に命ずるのが売却命令、管理人を選任してその債権の管理を命ずるのが管理命令です（新法161条1項）。

譲渡命令は、差押債権を実質価額（執行裁判所が定めた金額）で差押債権者に移転するという点で、これを券面額で移転させる転付命令と異なりますが、差押債権者が差押債権をいわば代物弁済として取得して、独占的満足を得るという効果の点では転付命令と共通しています。

なお、譲渡命令等の申立てについての決定に対しては、不服申立手段として執行抗告をすることができ（同条3項・同法10条）、譲渡命令等は、原則として、命令が確定したときに効力を生じることになります（新法161条4項）。執行抗告は裁判の告知を受けた日から1週間の不変期間内に行う必要がありますので、債務者が執行抗告をしなければ、譲渡命令等は発令後約1週間で効力を生じることになります。

2　差押禁止債権

⑴　法律で定められた差押禁止の範囲

民事執行法上、給料・賞与・退職金等については、それらの給付の4分の3に相当する部分、またはそれらの額が標準的な世帯の必要生計費を勘案して政令で定める額を超えるときは政令で定める額に相当する部分（現状では月額33万円相当。民事執行法施行令2条1項各号・2項）まで、債権執行における差押えが禁止されています（民執法152条1項・2項）。これを差押禁止債権といいます。

差押禁止債権は債務者の生活基盤であり、債務者の生活保障の観点から、一定の範囲について債権執行における差押えを禁止する趣旨です。

⑵　差押禁止債権の範囲の変更

⑴で述べた、法律で定められた差押禁止債権の範囲については、今回の民事執行法の改正で実現された債務者財産の管理制度の見直し等による債権者の地位の強化との関係で、逆に、債権を差し押さえられた債務者の保護も必要になるとの観点から、4分の1相当金額以内という割合的な制限に加え、更に絶対的に差押が禁止される最低限度設定額を設けることで差押禁止範囲を拡張する等、差押禁止債権の範囲自体を見直す議論もありましたが、今回の改正においては、最終的には見送られました。

しかし、現行の民事執行法においても、個別の事件の事情如何によって、差押えられる債権の金額を少なく変更することは可能です。すなわち、債務者の申立てによって、執行裁判所が、債務者及び債権者の生活の状況その他の事情を考慮して、差押命令の全部もしくは一部を取り消すという方法により、差押禁止債権の範囲を拡張することができます（民執法153条。なお、逆に、債権者の立場では、同条に基づき、法律上差し押さえてはならない債権の部分について差押命令を発するよう申立てることもできます（差押禁止債権の範囲の縮小）。）。

ただし、従来は、①そもそも債務者がかかる差押禁止債権の範囲変更の制度の存在を十分に認識していない、②前述のとおり、譲渡命令等は発令後約1週間で効力を生じることになりますが、債務者が差押命令が送達された日からわずか1週間で申立てをすることは実際上は非常に困難である、等の理由により、この差押禁止債権の範囲変更の制度は、あまり活用されていない状況にあり、債務者保護の観点からは制度的に十分でない面がありました。

3　差押禁止債権に関する譲渡・売却・管理命令の効力発生時期の見直し

そこで、今回の改正では、差押禁止債権について債権執行がなされた場合に、譲渡命令・売却命令・管理命令の効力が発生する時期について、「命令が確定し、かつ、債務者に対して差押命令が送達された日から4週間を経過したとき」とする条項が追加され、通常の債権執行の場合よりも後ろ倒しにされることなりました（新法161条5項）。

これにより、債務者は、従前よりも差押禁止債権の範囲の変更の申立てを行う時間的猶予を得ることができました。

4　差押禁止債権に関する譲渡・売却・管理命令の効力発生時期の例外

このように、差押債権者に関する譲渡・売却・管理命令の効力発生時期については、本改正により、債務者の生活保障の観点から他の差押債権とは異なり、後ろ倒しされましたが、他方で、差押債権者の有する債権が婚姻費用、養育費等の扶養義務等に係る請求権である場合には、差押債権者側の権利実現がその生計維持に不可欠なものであり、速やかにその実現を図る必要があります。

そこで、差し押さえられた債権が差押禁止債権であったとしても、差押債権者の債権に扶養義務等に係る金銭債権が含まれるときは、本改正による効力発生時期の後ろ倒しの規定は適用されないこととされ、原則に戻って、譲渡・売却・管理命令は、各命令が確定したときがその効力発生時期となります（新法161条4項）。

5　改正の効果

以上のとおり、本改正により、差押債権者の有する債権が婚姻費用、養育費等の扶養義務等に係る請求権である場合を除き、差押禁止債権に対する債権執行においては、譲渡・売却・管理命令の効力発生時期は、各命令が確定し、かつ、債務者に対して差押命令が送達された日から4週間を経過したときと後ろ倒しされました。差押債務者としては、差押禁止債権の範囲の変更の申立てをする時間的猶予を得られることになりますので、今後、かかる申立てが積極的になされるようになることが考えられます。

一方、差押債権者の立場からすると、譲渡命令に関して言えば、効力発生時期の後ろ倒しにより、その確定までの間に後行の差押えが生じて配当等が実施されることになり、結果的には譲渡命令が発令されていたのに差押債権から独占的に回収することができなくなってしまう、という場合が増える可能性も考えられます。

すなわち、譲渡命令は、発令されても第三債務者に譲渡命令が送達される前に他の債権者の差押え等があるとその効力を生じませんが（新法161条7項、159条3項）、送達後に第三債務者が他の差押命令の送達を受けた場合でも、譲渡命令が確定していない限り、第三債務者には義務供託の規定の適用があります（民執法156条2項）。

実務上は、譲渡命令の確定前に第三債務者が他の差押命令の送達を受けた場合でも、実際に供託をした時期が譲渡命令の確定後になれば、執行裁判所はもはや対象の差押債権は譲渡命令申立債権者に確定的に移転したものとして配当は実施しないと考えられ、その意味で、譲渡命令が優先するか配当等が実施されるかは第三債務者次第という面もありますが、いずれにせよ、譲渡命令の効力発生時期が後ろ倒しされれば、それだけ差押えの競合は生じやすくなる、ということにはなります。

他方、売却命令、管理命令は、債権者の競合があっても発令し得る手続です。したがって、同一の差押債権に申立てが競合した場合、その効力発生時期について、先行する差押命令と後行する差押命令のいずれが債務者に送達された日から４週間を経過したときと考えるかが理論上は問題となりえますが、差押禁止債権について効力発生時期の後ろ倒しがなされた趣旨（債務者に差押禁止債権の範囲の変更の申立てを行う時間的猶予を与える）からすると、最初の差押から起算するのではなく、後行する（最後の）差押から起算するべきであるといえます。

（遠藤　啓之）

6 差押命令における債務者への給料・賞与・退職金等の配当時期

Q6 **差押命令が債務者の給料・賞与・退職金等について発令された場合の、配当の実施時期について教えてください。**

ポイント

1　今回の改正で、差押命令が債務者の給料・賞与・退職金等民事執行法152条が差押禁止債権として定める債権について発令された場合には、執行裁判所は債務者に対して差押命令が送達された日から４週間を経過するまでは配当等を実施してはならないとする条項が追加されたため、差押禁止債権の配当等の実施時期は、債務者に対して差押命令が送達された日から４週間を経過したとき以降となります。

2　ただし、差押債権者の債権に養育費等の定期金債権が含まれているときについては、ポイント１の改正は対象外であり、通常の債権執行と同じになります。

A

1　債権執行における配当等

債権執行における配当等とは、第三債務者が差押えを受けた金銭債権の全額に相当する金銭を債務の履行地の供託所に供託した後に、執行裁判所により、差押債権者に対して、差押債権者が1人である場合又は債権者が複数いる場合でも全ての差押債権者に全額を弁済できる場合には弁済金を交付し、差押債権者が複数いて全ての差押債権者に債権の全額を弁済できない場合には債権額に応じて供託された金銭等の分配をすること（配当）です。

第三債務者は、差押えに係る金銭債権（差押命令により差し押さえられた金銭債権に限られます。）の全額に相当する金銭を債務の履行地の供託所に供託することができます(権利供託。民執法156条1項)。また、取立訴訟の訴えの訴状の送達を受ける時までに差押えに係る金銭債権のうち差し押さえられていない部分を超えて発せられた差押命令、差押処分又は仮差押命令の送達を受けたときはその債権の全額に相当する金銭を、配当要求があつた旨を記載した文書の送達を受けたときは差し押さえられた部分に相当する金銭を、債務の履行地の供託所に供託しなければならないとされています（義務供託。同条2項）。

執行裁判所は、供託された金銭について、配当等を実施することになります（新法166条1項1号）。この場合の配当等の手続には、不動産執行における配当等の手続が準用されます（同条2項）。

差押禁止債権を対象としない、通常の債権執行の場合、配当等の実施時期については特に制限はなく、執行裁判所は第三債務者から事情届の提出を受けて、随時、弁済金交付手続ないし配当手続を行うことになります（新法166条1項1号、同条2項、84条、85条）。

2 差押禁止債権

⑴ 法律で定められた差押禁止の範囲

民事執行法上、給料・賞与・退職金等については、それらの給付の4分の3に相当する部分、またはそれらの額が標準的な世帯の必要生計費を勘案して政令で定める額を超えるときは政令で定める額に相当する部分（現状では月額33万円相当。民事執行法施行令2条1項各号・2項）まで、債権執行における差押えが禁止されています（民執法152条1項・2項）。これを差押禁止債権といいます。

差押禁止債権は債務者の生活基盤であり、債務者の生活保障の観点から、一定の範囲について債権執行における差押えを禁止する趣旨です。

⑵ 差押禁止債権の範囲の変更

⑴で述べた、法律で定められた差押禁止債権の範囲については、今回の民事執行法の改正で実現された債務者財産の管理制度の見直し等による債権者の地位の強化との関係で、逆に、債権を差し押さえられた債務者の保護も必要になるとの観点から、4分の1相当金額以内という割合的な制限に加え、更に絶対的に差押が禁止される最低限度設定額を設け

ることで差押禁止範囲を拡張する等、差押禁止債権の範囲自体を見直す議論もありましたが、今回の改正においては、最終的には見送られました。

もっとも、現行の民事執行法においても、個別の事件の事情如何によって、差押えられる債権の金額を少なく変更することは可能です。すなわち、債務者の申立てによって、執行裁判所が、債務者及び債権者の生活の状況その他の事情を考慮して、差押命令の全部もしくは一部を取り消すという方法により、差押禁止債権の範囲を拡張することができます(民執法153条。なお、逆に、債権者の立場では、同条に基づき、法律上差し押さえてはならない債権の部分について差押命令を発するよう申立てることもできます（差押禁止債権の範囲の縮小)。)。

ただし、従来は、①そもそも債務者がかかる差押禁止債権の範囲変更の制度の存在を十分に認識していない、②配当の関係では、債務者としては、知らないうちに、供託をした第三債務者から事情届が執行裁判所に提出され、配当等が開始される可能性があり、適時に差押禁止債権の範囲の変更の申立てを行うことは非常に困難である、等の理由により、この差押禁止債権の範囲変更の制度は、あまり活用されていない状況にあり、債務者保護の観点からは制度的に十分でない面がありました。

3 差押禁止債権に関する配当時期の見直し

そこで、本改正により、差し押さえられた債権が差押禁止債権である場合の配当等の実施時期については、「債務者に対して差押命令が送達された日から４週間を経過するまでは、配当等を実施してはならない」との条項が追加されました（新法166条３項)。

これにより、債務者は、改正前に比べて差押禁止債権の範囲の変更の申立てを行う時間的猶予を得ることになります。

4 差押禁止債権に関する配当等の実施時期の例外

このように、差押禁止債権に係る配当等の実施時期については、本改正により、債務者の生活保障の観点から他の差押債権とは異なり、後ろ倒しされましたが、他方で、差押債権者の有する債権が婚姻費用、養育費等の扶養義務等に係る請求権である場合には、差押債権者側の権利実現が差押債権者の生計維持に不可欠なものであり、速やかにその実現を図る必要があります。

そこで、差し押さえられた債権が差押禁止債権であったとしても、差押債権者の債権に扶養義務等に係る金銭債権が含まれるときは、本改正による効力発生時期の後ろ倒しの規定は適用されず、原則に戻って配当等の実施時期には制限がないこととされました（新法166条3項括弧書）。

なお、上記括弧書は、差押債権者が数人ある場合でも「そのうち少なくとも1人以上」の債権が扶養義務等に係る金銭債権が含まれるときは、後ろ倒しの規定は適用されないと定めています。したがって、例えば差押禁止債権への差押えが競合した場合で、先行する差押えの請求債権は扶養義務等に係る金銭債権ではなかったが、後行の差押えの請求債権がそれだった場合、先行する差押えについても新法166条3項本文は適用されないことになります。

5　改正の効果

本改正により、差押債権者の有する債権が婚姻費用、養育費等の扶養義務等に係る請求権である場合を除き、差押禁止債権に対する債権執行においては、配当等の実施時期は債務者に対して差押命令が送達された日から4週間を経過したとき以降になり、配当実施時期が後ろ倒しされました。差押債務者としては、差押禁止債権の範囲の変更の申立てをする時間的猶予を得られることになりますので、今後、かかる申立てが積極的になされるようになることが考えられます。

一方、本改正により、差押債権者の取立権の発生時期も後ろ倒しされることとなった（**本章Q3**）ことで、結果的に、債権差押手続において配当等が実施されることになる可能性が旧法下より高くなる（先行した差押債権者が差押債権を取り立てる前に後行の差押えがなされ得る時間が長くなっため）と考えられますが、このような場合に、配当等の実施時期の基準日をどう理解するか、すなわち「債務者に対して差押命令が送達された日（新法166条3項）」について、これを先行する差押命令と後行する差押命令のいずれの送達日と解するべきか、については、条文上は一義的ではありません。

これについては法制審議会の議論でも明確にはされていませんでしたが、差押禁止債権について配当時期が後ろ倒しされた趣旨（債務者に差押禁止債権の範囲の変更の申立てを行う時間的猶予を与える）からして、また債務者としては後行する差押命令がなされて初めて範囲変更の必要が強くなることも考えられますので、最初の差押から起算するのではなく、後行する（最後の）差押命令の送達日から起算するべきであると考えられます。

（遠藤　啓之）

7 差押命令の送達に際して債務者に教示される事項

Q7 **差押命令の送達に際して裁判所書記官から債務者に教示される事項について教えてください。**

ポイント

今回の改正で、差押命令の送達に際して裁判所書記官から債務者に教示されることになった事項は、債務者が執行裁判所に対し差押命令の全部又は一部を取り消すよう申立てをすることができる旨（差押禁止債権の範囲の縮減の申立て。民執法153条1項、2項）及びその手続の内容とされています（新法145条4項、新規則133条の2第2項）。

また、同教示は、書面により行われることとされています（新規則133条の2第1項）。

A

1 債権者の取立権

金銭債権を差し押さえた債権者には、債務者に対して差押命令が送達された日から一週間を経過したときにその債権を自ら取り立てることのできる旨の権利、すなわち、取立権が発生します（債権者の取立権につき、**本章Q3のA1**も参照してください）。

債権者は、取立権を根拠に、第三債務者（債務者に対して債務を負うもの。例えば、債務者の勤め先の場合、債務者に対して給料の支払い債務を負っています。）に対して、債権の取立てをすることができます。取立てを行う場合には、債権者が第三債務者に連絡をし、例えば送達通知書及び差押命令正本を第三債務者に提示し、振込又は送金を依頼するなどの取立行為をすることが想定されます。

2　差押禁止債権

(1)　法律で定められた差押禁止の範囲

上記のとおり、民事執行法上、金銭債権につき債権者のための取立権の規定が存在する一方、債務者の給料や賃金等の金銭債権は、債務者及びその家族の生計を維持するための基本的手段であり、これらの債権が差し押さえられ、取り立てられると、債務者らは生計を維持することが困難となります。

そこで、民事執行法には、債権者の権利実現と債務者の最低生活の保障との利益調整を図るべく、債権の種類と範囲を限定して差押を禁止する旨の規定が設けられています（民執法152条）。

すなわち、債務者らが生計を維持するために必要な、給料・賞与・退職金等の債権については、支払期に受けるべき給付の4分の3に相当する金額が差押禁止とされており（民執法152条1項2号、2項）、原則としてその4分の1に相当する金額しか差し押さえることができません（ただし、養育費・婚姻費用等については2分の1に相当する金額（民執法152条3項））。

なお、例外的に、給料等につき上記4分の3に相当する金額が1か月33万円を超える場合は、上記の割合に関わらず、33万円のみが差押禁止となり33万円を超える分を差し押さえることができます（民執法152条1項柱書かっこ書き、同法施行令2条1項1号。養育費・婚姻費用等については2分の1に相当する金額）。

(2)　差押禁止債権の範囲の変更

上記の、法律で画一的に定められた差押禁止債権の範囲に加え、事案ごとの債務者・債権者の具体的事情に応じて、差押禁止債権の範囲を、執行裁判所が裁量的に変更できる制度が設けられています。

すなわち、債務者の申立てによって、執行裁判所が、債務者及び債権者の生活の状況その他の事情を考慮して、差押命令の全部又は一部を取り消すという方法により、差押禁止債権の範囲を拡張することができます（民執法153条1項。なお、逆に、債権者の立場では、同条に基づき、法律上差し押さえが禁止されている範囲についても差押命令を発するよう申立てることもできます（差押禁止債権の範囲の縮減）。）。

3　改正の背景

しかし、上記具体的事情による差押禁止債権の範囲の変更の制度は、余り知られておらず、活用されていませんでした（法務委員会　第7号平成31年4月2日（火曜）によれば、平成29年の東京地方裁判所における給与等債権を差押債権とする申立件数は5件であり、認容されたのは0件です）。

そのため、今回の法改正において、債務者保護の観点から、差押禁止債権の範囲の変更の制度の活用を促すべく、裁判所が差押えをするに当たって、同制度を裁判所書記官から債務者に書面により教示するという手続が設けられました（新法145条4項、新規則133条の2）。

一方で、法律で定められた差押禁止債権の範囲については、今回の民事執行法の改正で実現された債務者財産の管理制度の見直し等による債権者の地位の強化との関係で、逆に、債権を差し押えられた債務者の保護も必要になるとの観点から、4分の1相当金額以内という割合的な制限に加え、更に絶対的に差押が禁止される最低限度設定額を設けることで差押禁止範囲を拡張する等、差押禁止債権の範囲自体を見直す議論もありましたが、今回の改正においては、最終的には見送られました。

4　教示事項の具体的内容

債務者に対する同教示事項は、同制度に基づく申立てができる旨及びその手続の内容とされています。

もっとも、同「手続の内容」として、具体的にどのような事項が債務者に教示されることになるかは、上記民事執行規則の条文でも明確化されていません。

これは、同教示事項を過度に明確化することで、各裁判所において個別具体的な事情に応じて柔軟に手続きの紹介等の対応が実施されているという現状の実務を阻害することを避けるためであるとも考えられます（中間試案補足説明・81頁参照）。

ただ、差押禁止債権範囲変更申立てをする場合の実際の手続に即して考えると、「手続の内容」として教示される事項としては、以下のようなものが考えられます。

① まず、申立時期に関して、債務者は、債権差押命令発令後、同事件の係属中は差押禁止債権範囲変更の申立てを、いつでもすることができますが、**1**で説明した債権者の取立権による取立てが完了してしまえば、もはや範囲変更の余地はなくなってしまいます。また、差押債権について転付命令が発令され、それが確定した場合も、同様です。

したがって、債務者による差押禁止債権の範囲変更の申立ての活用を促す、という今回の改正の趣旨からすると、同申立てをする場合はいつまでにすべきかについて、上記の観点から教示（ないし情報提供）がなされる可能性があります。

具体的には、差押禁止債権に係る取立権の発生時期は、原則として、「債務者に対して差押命令が送達された日から４週間を経過したとき（新法155条２項)」へ、転付命令の効力発生時期は、「転付命令が確定し、かつ、債務者に対して差押命令が送達された日から４週間を経過した」とき（同法159条６項）へ、今回の法改正でそれぞれ旧法下よりも後ろ倒しされましたが（同改正につき、**本章Q3のA3**も参照してください)、これらの改正内容を念頭に置いて適時に範囲変更申立ての検討をするよう、債務者に教示される可能性があります。

② 次に、債務者が差押禁止債権の範囲変更を申立てる場合、申立書には、申立ての趣旨及び理由を記載することになります。

申立ての趣旨としては、全部の取消しであれば「差押命令を取り消すとの裁判を求める」、一部の取消しであれば、例えば「差押額は令和●年●月●日以降、毎月●から支払われる給与の●分の１を限度とするとの裁判を求める」という記載になります。

また、申立ての理由としては、「債務者及び債権者の生活の状況その他の事情」として、債務者については生計が苦しいこと、債権者については経済的な余裕があること等について具体的に記載し、かつ、それらを証する資料を添付することになります。

したがって、債務者に教示されるべき「手続の内容」としても、上記のような、申立ての実務を踏まえた説明がなされることになるものと思われます。

この点、実際には、同申立てを債務者本人自身が行うことは専門性の観点から難しい（弁護士へ相談が必要）という面は依然としてあるようにも思われますが、前述した今回の法改正の趣旨からすれば、申立てをどのように行うべきかにについて、債務者自身がイメージを持てる程度に、具体的に説明される必要があるものと考えられます。

（尾形　達彦）

資料編

民事執行法
新旧対照表

●民事執行法（昭和54年3月30日法律第4号）
新旧対照表

（改正：令和元年5月17日法律第2号）

新	旧
目次	目次
第1章　総則（第1条―第21条）	第1章　総則（第1条―第21条）
第2章　強制執行	第2章　強制執行
第1節　総則（第22条―第42条）	第1節　総則（第22条―第42条）
第2節　金銭の支払を目的とする債権についての強制執行	第2節　金銭の支払を目的とする債権についての強制執行
第1款　不動産に対する強制執行	第1款　不動産に対する強制執行
第1目　通則（第43条・第44条）	第1目　通則（第43条・第44条）
第2目　強制競売（第45条―第92条）	第2目　強制競売（第45条―第92条）
第3目　強制管理（第93条―第111条）	第3目　強制管理（第93条―第111条）
第2款　船舶に対する強制執行（第112条―第121条）	第2款　船舶に対する強制執行（第112条―第121条）
第3款　動産に対する強制執行（第122条―第142条）	第3款　動産に対する強制執行（第122条―第142条）
第4款　債権及びその他の財産権に対する強制執行	第4款　債権及びその他の財産権に対する強制執行
第1目　債権執行等（第143条―第167条）	第1目　債権執行等（第143条―第167条）
第2目　少額訴訟債権執行（第167の2―第167条の14）	第2目　少額訴訟債権執行（第167の2―第167条の14）
第5款　扶養義務等に係る金銭債権についての強制執行の特例（第167条の15・第167条の16）	第5款　扶養義務等に係る金銭債権についての強制執行の特例（第167条の15・第167条の16）
第3節　金銭の支払を目的としない請求権についての強制執行（第168条―第179条）	第3節　金銭の支払を目的としない請求権についての強制執行（第168条―第179条）
第3章　担保権の実行としての競売等（第180条―第195条）	第3章　担保権の実行としての競売等（第180条―第195条）
第4章　債務者の財産状況の調査	第4章　財産開示手続（第196条―第203条）
第1節　財産開示手続（第196条―第203条）	
第2節　第三者からの情報取得手続（第204条―第211条）	
第5章　罰則（第212条―第215条）	第5章　罰則（第204条―第207条）
附則	附則
（趣旨）	（趣旨）
第1条　強制執行、担保権の実行としての競売及び民法（明治29年法律第89号）、商法（明治32年法律第48号）その他の法律の規定による換価のための競売並びに債務者の財産状況の調査（以下「民事執行」と総称する。）については、他の法令に定めるもののほか、この法律の定めるところによる。	**第1条**　強制執行、担保権の実行としての競売及び民法（明治29年法律第89号）、商法（明治32年法律第48号）その他の法律の規定による換価のための競売並びに債務者の財産の開示（以下「民事執行」と総称する。）については、他の法令に定めるもののほか、この法律の定めるところによる。

新	旧
(暴力団員等に該当しないこと等の陳述) **第65条の2** 不動産の買受けの申出は、次の各号のいずれにも該当しない旨を買受けの申出をしようとする者（その者に法定代理人がある場合にあつては当該法定代理人、その者が法人である場合にあつてはその代表者）が最高裁判所規則で定めるところにより陳述しなければ、することができない。 (1) 買受けの申出をしようとする者（その者が法人である場合にあつては、その役員）が暴力団員による不当な行為の防止等に関する法律（平成三年法律第七十七号）第二条第六号に規定する暴力団員（以下この号において「暴力団員」という。）又は暴力団員でなくなつた日から五年を経過しない者（以下この目において「暴力団員等」という。）であること。 (2) 自己の計算において当該買受けの申出をさせようとする者（その者が法人である場合にあつては、その役員）が暴力団員等であること。	(新設)
(調査の嘱託) **第68条の4** 執行裁判所は、最高価買受申出人（その者が法人である場合にあつては、その役員。以下この項において同じ。）が暴力団員等に該当するか否かについて、必要な調査を執行裁判所の所在地を管轄する都道府県警察に嘱託しなければならない。ただし、最高価買受申出人が暴力団員等に該当しないと認めるべき事情があるものとして最高裁判所規則で定める場合は、この限りでない。 2 執行裁判所は、自己の計算において最高価買受申出人に買受けの申出をさせた者があると認める場合には、当該買受けの申出をさせた者（その者が法人である場合にあつては、その役員。以下この項において同じ。）が暴力団員等に該当するか否かについて、必要な調査を執行裁判所の所在地を管轄する都道府県警察に嘱託しなければならない。ただし、買受けの申出をさせた者が暴力団員等に該当しないと認めるべき事情があるものとして最高裁判所規則で定める場合は、この限りでない。	(新設)
(売却不許可事由) **第71条** 執行裁判所は、次に掲げる事由があると認めるときは、売却不許可決定をしなければならない。 (1)〜(4) (略)	(売却不許可事由) **第71条** 執行裁判所は、次に掲げる事由があると認めるときは、売却不許可決定をしなければならない。 (1) 強制競売の手続の開始又は続行をすべきでないこと。

新	旧
	⑵　最高価買受申出人が不動産を買い受ける資格若しくは能力を有しないこと又はその代理人がその権限を有しないこと。 ⑶　最高価買受申出人が不動産を買い受ける資格を有しない者の計算において買受けの申出をした者であること。 ⑷　最高価買受申出人、その代理人又は自己の計算において最高価買受申出人に買受けの申出をさせた者が次のいずれかに該当すること。 イ　その強制競売の手続において第65条第1号に規定する行為をした者 ロ　その強制競売の手続において、代金の納付をしなかつた者又は自己の計算においてその者に買受けの申出をさせたことがある者 ハ　第65条第2号又は第3号に掲げる者
⑸　最高価買受申出人又は自己の計算において最高価買受申出人に買受けの申出をさせた者が次のいずれかに該当すること。 イ　暴力団員等（買受けの申出がされた時に暴力団員等であつた者を含む。） ロ　法人でその役員のうちに暴力団員等に該当する者があるもの（買受けの申出がされた時にその役員のうちに暴力団員等に該当する者があつたものを含む。）	（新設）
⑹　（略）	⑸　第75条第1項の規定による売却の不許可の申出があること。
⑺　（略）	⑹　売却基準価額若しくは一括売却の決定、物件明細書の作成又はこれらの手続に重大な誤りがあること。
⑻　（略）	⑺　売却の手続に重大な誤りがあること。
（給付請求権に対する競合する債権差押命令等の効力の停止等）	（給付請求権に対する競合する債権差押命令等の効力の停止等）
第93条の4　第93条第4項の規定により強制管理の開始決定の効力が給付義務者に対して生じたときは、給付請求権に対する差押命令又は差押処分であつて既に効力が生じていたものは、その効力を停止する。ただし、強制管理の開始決定の給付義務者に対する効力の発生が第165条各号（第167条の14第1項において第165条各号（第3号及び第4号を除く。）の規定を準用する場合及び第193条第2項において準用する場合を含む。）に掲げる時後であるときは、この限りでない。	**第93条の4**　第93条第4項の規定により強制管理の開始決定の効力が給付義務者に対して生じたときは、給付請求権に対する差押命令又は差押処分であつて既に効力が生じていたものは、その効力を停止する。ただし、強制管理の開始決定の給付義務者に対する効力の発生が第165条各号（第167条の14において第165条各号（第3号及び第4号を除く。）の規定を準用する場合及び第193条第2項において準用する場合を含む。）に掲げる時後であるときは、この限りでない。
2・3　（略）	2　第93条第4項の規定により強制管理の開始決定の効力が給付義務者に対して生じたときは、給付請求権に対する仮差押命令であつて既に効

新	旧
	力が生じていたものは、その効力を停止する。 3　第1項の差押命令又は差押処分の債権者、同項の差押命令又は差押処分が効力を停止する時までに当該債権執行（第143条に規定する債権執行をいう。）又は少額訴訟債権執行（第167条の2第2項に規定する少額訴訟債権執行をいう。）の手続において配当要求をした債権者及び前項の仮差押命令の債権者は、第107条第4項の規定にかかわらず、前2項の強制管理の手続において配当等を受けることができる。
（不動産に対する強制競売の規定の準用）	（不動産に対する強制競売の規定の準用）
第121条　前款第2目（第45条第1項、第46条第2項、第48条、第54条、第55条第1項第2号、第56条、第64条の2、第65条の2、第68条の4、第71条第5号、第81条及び第82条を除く。）の規定は船舶執行について、第48条、第54条及び第82条の規定は船舶法（明治32年法律第46号）第1条に規定する日本船舶に対する強制執行について、それぞれ準用する。この場合において、第51条第1項中「第181条第1項各号に掲げる文書」とあるのは「文書」と、「一般の先取特権」とあるのは「先取特権」と読み替えるものとする。	**第121条**　前款第2目（第45条第1項、第46条第2項、第48条、第54条、第55条第1項（第2号に係る部分に限る。）、第56条、第64条の2、第81条及び第82条を除く。）の規定は船舶執行について、第48条、第54条及び第82条の規定は船舶法（明治32年法律第46号）第1条に規定する日本船舶に対する強制執行について準用する。この場合において、第51条第1項中「第181条第1項各号に掲げる文書」とあるのは「文書」と、「一般の先取特権」とあるのは「先取特権」と読み替えるものとする。
（差押命令）	（差押命令）
第145条　（略）	**第145条**　執行裁判所は、差押命令において、債務者に対し債権の取立てその他の処分を禁止し、かつ、第三債務者に対し債務者への弁済を禁止しなければならない。
2・3　（略）	2　差押命令は、債務者及び第三債務者を審尋しないで発する。 3　差押命令は、債務者及び第三債務者に送達しなければならない。
4　裁判所書記官は、差押命令を送達するに際し、債務者に対し、最高裁判所規則で定めるところにより、第153条第1項又は第2項の規定による当該差押命令の取消しの申立てをすることができる旨その他最高裁判所規則で定める事項を教示しなければならない。	（新設）
5　（略）	4　差押えの効力は、差押命令が第三債務者に送達された時に生ずる。
6　（略）	5　差押命令の申立てについての裁判に対しては、執行抗告をすることができる。
7　執行裁判所は、債務者に対する差押命令の送達をすることができない場合には、差押債権者に対し、相当の期間を定め、その期間内に債務者の住所、居所その他差押命令の送達をすべ	（新設）

新	旧
き場所の申出（第20条において準用する民事訴訟法第110条第1項各号に掲げる場合にあつては、公示送達の申立て。次項において同じ。）をすべきことを命ずることができる。	
8　執行裁判所は、前項の申出を命じた場合において、差押債権者が同項の申出をしないときは、差押命令を取り消すことができる。	（新設）
（差押債権者の金銭債権の取立て）	（差押債権者の金銭債権の取立て）
第155条　（略）	**第155条**　金銭債権を差し押さえた債権者は、債務者に対して差押命令が送達された日から一週間を経過したときは、その債権を取り立てることができる。ただし、差押債権者の債権及び執行費用の額を超えて支払を受けることができない。
2　差し押さえられた金銭債権が第152条第1項各号に掲げる債権又は同条第2項に規定する債権である場合（差押債権者の債権に第151条の2第1項各号に掲げる義務に係る金銭債権が含まれているときを除く。）における前項の規定の適用については、同項中「1週間」とあるのは、「4週間」とする。	（新設）
3　（略）	2　差押債権者が第三債務者から支払を受けたときは、その債権及び執行費用は、支払を受けた額の限度で、弁済されたものとみなす。
4　（略）	3　差押債権者は、前項の支払を受けたときは、直ちに、その旨を執行裁判所に届け出なければならない。
5　差押債権者は、第1項の規定により金銭債権を取り立てることができることとなつた日（前項又はこの項の規定による届出をした場合にあつては、最後に当該届出をした日。次項において同じ。）から第3項の支払を受けることなく2年を経過したときは、同項の支払を受けていない旨を執行裁判所に届け出なければならない。	（新設）
6　第1項の規定により金銭債権を取り立てることができることとなつた日から2年を経過した後4週間以内に差押債権者が前2項の規定による届出をしないときは、執行裁判所は、差押命令を取り消すことができる。	（新設）
7　差押債権者が前項の規定により差押命令を取り消す旨の決定の告知を受けてから1週間の不変期間内に第4項の規定による届出（差し押さえられた金銭債権の全部の支払を受けた旨の届出を除く。）又は第5項の規定による届出をしたときは、当該決定は、その効力を失う。	（新設）
8　差押債権者が第5項に規定する期間を経過する前に執行裁判所に第3項の支払を受けていな	（新設）

新	旧
い旨の届出をしたときは、第5項及び第6項の規定の適用については、第5項の規定による届出があつたものとみなす。	
（転付命令）	（転付命令）
第159条　（略）	**第159条**　執行裁判所は、差押債権者の申立てにより、支払に代えて券面額で差し押さえられた金銭債権を差押債権者に転付する命令（以下「転付命令」という。）を発することができる。
2～5　（略）	2　転付命令は、債務者及び第三債務者に送達しなければならない。 3　転付命令が第三債務者に送達される時までに、転付命令に係る金銭債権について、他の債権者が差押え、仮差押えの執行又は配当要求をしたときは、転付命令は、その効力を生じない。 4　第1項の申立てについての決定に対しては、執行抗告をすることができる。 5　転付命令は、確定しなければその効力を生じない。
6　差し押さえられた金銭債権が第152条第1項各号に掲げる債権又は同条第2項に規定する債権である場合（差押債権者の債権に第151条の2第1項各号に掲げる義務に係る金銭債権が含まれているときを除く。）における前項の規定の適用については、同項中「確定しなければ」とあるのは、「確定し、かつ、債務者に対して差押命令が送達された日から4週間を経過するまでは、」とする。	（新設）
7　（略）	6　転付命令が発せられた後に第39条第1項第7号又は第8号に掲げる文書を提出したことを理由として執行抗告がされたときは、抗告裁判所は、他の理由により転付命令を取り消す場合を除き、執行抗告についての裁判を留保しなければならない。
（転付命令の効力）	（転付命令の効力）
第160条　転付命令が効力を生じた場合においては、差押債権者の債権及び執行費用は、転付命令に係る金銭債権が存する限り、その券面額で、転付命令が第三債務者に送達された時に弁済されたものとみなす。	**第160条**　差押命令及び転付命令が確定した場合においては、差押債権者の債権及び執行費用は、転付命令に係る金銭債権が存する限り、その券面額で、転付命令が第三債務者に送達された時に弁済されたものとみなす。
（譲渡命令等）	（譲渡命令等）
第161条　（略）	**第161条**　差し押さえられた債権が、条件付若しくは期限付であるとき、又は反対給付に係ることその他の事由によりその取立てが困難であるときは、執行裁判所は、差押債権者の申立てにより、その債権を執行裁判所が定めた価額で支払に代えて差押債権者に譲渡する命令（以下「譲

新	旧
	渡命令」という。)、取立てに代えて、執行裁判所の定める方法によりその債権の売却を執行官に命ずる命令（以下「売却命令」という。）又は管理人を選任してその債権の管理を命ずる命令（以下「管理命令」という。）その他相当な方法による換価を命ずる命令を発することができる。
2～4 （略）	2　執行裁判所は、前項の規定による決定をする場合には、債務者を審尋しなければならない。ただし、債務者が外国にあるとき、又はその住所が知れないときは、この限りでない。 3　第1項の申立てについての決定に対しては、執行抗告をすることができる。 4　第1項の規定による決定は、確定しなければその効力を生じない。
5　差し押さえられた債権が第152条第1項各号に掲げる債権又は同条第2項に規定する債権である場合（差押債権者の債権に第151条の2第1項各号に掲げる義務に係る金銭債権が含まれているときを除く。）における前項の規定の適用については、同項中「確定しなければ」とあるのは、「確定し、かつ、債務者に対して差押命令が送達された日から4週間を経過するまでは、」とする。	（新設）
6　（略）	5　執行官は、差し押さえられた債権を売却したときは、債務者に代わり、第三債務者に対し、確定日付のある証書によりその譲渡の通知をしなければならない。
7　第159条第2項及び第3項並びに前条の規定は譲渡命令について、第159条第7項の規定は譲渡命令に対する執行抗告について、第65条及び第68条の規定は売却命令に基づく執行官の売却について、第159条第2項の規定は管理命令について、第84条第3項及び第4項、第88条、第94条第2項、第95条第1項、第3項及び第4項、第98条から第104条まで並びに第106条から第110条までの規定は管理命令に基づく管理について、それぞれ準用する。この場合において、第84条第3項及び第4項中「代金の納付後」とあるのは、「第161条第7項において準用する第107条第1項の期間の経過後」と読み替えるものとする。	6　第159条第2項及び第3項並びに前条の規定は譲渡命令について、第159条第6項の規定は譲渡命令に対する執行抗告について、第65条及び第68条の規定は売却命令に基づく執行官の売却について、第159条第2項の規定は管理命令について、第84条第3項及び第4項、第88条、第94条第2項、第95条第1項、第3項及び第4項、第98条から第104条まで並びに第106条から第110条までの規定は管理命令に基づく管理について準用する。この場合において、第84条第3項及び第4項中「代金の納付後」とあるのは、「第161条において準用する第107条第1項の期間の経過後」と読み替えるものとする。
（移転登記等の嘱託）	（移転登記等の嘱託）
第164条　第150条に規定する債権について、転付命令若しくは譲渡命令が効力を生じたとき、又は売却命令による売却が終了したときは、裁判所書記官は、申立てにより、その債権を取得	**第164条**　第150条に規定する債権について、転付命令若しくは譲渡命令が確定したとき、又は売却命令による売却が終了したときは、裁判所書記官は、申立てにより、その債権を取得した

新	旧
した差押債権者又は買受人のために先取特権、質権又は抵当権の移転の登記等を嘱託し、及び同条の規定による登記等の抹消を嘱託しなければならない。	差押債権者又は買受人のために先取特権、質権又は抵当権の移転の登記等を嘱託し、及び同条の規定による登記等の抹《まつ》消を嘱託しなければならない。
2～6　(略)	2　前項の規定による嘱託をする場合（次項に規定する場合を除く。）においては、嘱託書に、転付命令若しくは譲渡命令の正本又は売却命令に基づく売却について執行官が作成した文書の謄本を添付しなければならない。 3　第1項の規定による嘱託をする場合において、不動産登記法（平成16年法律第123号）第16条第2項（他の法令において準用する場合を含む。）において準用する同法第18条の規定による嘱託をするときは、その嘱託情報と併せて転付命令若しくは譲渡命令があつたことを証する情報又は売却命令に基づく売却について執行官が作成した文書の内容を証する情報を提供しなければならない。 4　第1項の規定による嘱託に要する登録免許税その他の費用は、同項に規定する差押債権者又は買受人の負担とする。 5　第150条の規定により登記等がされた場合において、差し押さえられた債権について支払又は供託があつたことを証する文書が提出されたときは、裁判所書記官は、申立てにより、その登記等の抹《まつ》消を嘱託しなければならない。債権執行の申立てが取り下げられたとき、又は差押命令の取消決定が確定したときも、同様とする。 6　前項の規定による嘱託に要する登録免許税その他の費用は、同項前段の場合にあつては債務者の負担とし、同項後段の場合にあつては差押債権者の負担とする。
(配当等の実施)	(配当等の実施)
第166条　執行裁判所は、第161条第7項において準用する第109条に規定する場合のほか、次に掲げる場合には、配当等を実施しなければならない。	**第166条**　執行裁判所は、第161条第6項において準用する第109条に規定する場合のほか、次に掲げる場合には、配当等を実施しなければならない。
(1)～(3)　(略)	(1)　第156条第1項若しくは第2項又は第157条第5項の規定による供託がされた場合 (2)　売却命令による売却がされた場合 (3)　第163条第2項の規定により売得金が提出された場合
2　(略)	2　第84条、第85条及び第88条から第92条までの規定は、前項の規定により執行裁判所が実施する配当等の手続について準用する。

新	旧
3　差し押さえられた債権が第152条第1項各号に掲げる債権又は同条第2項に規定する債権である場合（差押債権者（数人あるときは、そのうち少なくとも一人以上）の債権に第151条の2第1項各号に掲げる義務に係る金銭債権が含まれているときを除く。）には、債務者に対して差押命令が送達された日から4週間を経過するまでは、配当等を実施してはならない。	（新設）
（差押処分）	（差押処分）
第167条の5　（略）	**第167条の5**　裁判所書記官は、差押処分において、債務者に対し金銭債権の取立てその他の処分を禁止し、かつ、第三債務者に対し債務者への弁済を禁止しなければならない。
2　第145条第2項、第3項、第5項、第7項及び第8項の規定は差押処分について、同条第4項の規定は差押処分を送達する場合について、それぞれ準用する。この場合において、同項中「第153条第1項又は第2項」とあるのは「第167条の8第1項又は第2項」と、同条第7項及び第8項中「執行裁判所」とあるのは「裁判所書記官」と読み替えるものとする。	2　第145条第2項から第4項までの規定は、差押処分について準用する。
3・4　（略）	3　差押処分の申立てについての裁判所書記官の処分に対する執行異議の申立ては、その告知を受けた日から1週間の不変期間内にしなければならない。 4　前項の執行異議の申立てについての裁判に対しては、執行抗告をすることができる。
5　民事訴訟法第74条第1項の規定は、差押処分の申立てについての裁判所書記官の処分について準用する。この場合においては、前2項及び同条第3項の規定を準用する。	5　民事訴訟法第74条第1項の規定は、差押処分の申立てについての裁判所書記官の処分について準用する。この場合においては、第3項及び前項並びに同条第3項の規定を準用する。
6　第2項において読み替えて準用する第145条第8項の規定による裁判所書記官の処分に対する執行異議の申立ては、その告知を受けた日から1週間の不変期間内にしなければならない。	（新設）
7　前項の執行異議の申立てを却下する裁判に対しては、執行抗告をすることができる。	（新設）
8　第2項において読み替えて準用する第145条第8項の規定による裁判所書記官の処分は、確定しなければその効力を生じない。	（新設）
（差押禁止債権の範囲の変更）	（差押禁止債権の範囲の変更）
第167条の8　執行裁判所は、申立てにより、債務者及び債権者の生活の状況その他の事情を考慮して、差押処分の全部若しくは一部を取り消し、又は第167条の14第1項において準用する第152条の規定により差し押さえてはならない	**第167条の8**　執行裁判所は、申立てにより、債務者及び債権者の生活の状況その他の事情を考慮して、差押処分の全部若しくは一部を取り消し、又は第167条の14において準用する第152条の規定により差し押さえてはならない金銭債

新	旧
金銭債権の部分について差押処分をすべき旨を命ずることができる。 2・3　（略）	権の部分について差押処分をすべき旨を命ずることができる。 2　事情の変更があつたときは、執行裁判所は、申立てにより、前項の規定により差押処分が取り消された金銭債権について差押処分をすべき旨を命じ、又は同項の規定によりされた差押処分の全部若しくは一部を取り消すことができる。 3　第153条第3項から第5項までの規定は、前2項の申立てがあつた場合について準用する。この場合において、同条第4項中「差押命令」とあるのは、「差押処分」と読み替えるものとする。
（配当等のための移行等） **第167条の11**　第167条の14第1項において準用する第156条第1項若しくは第2項又は第157条第5項の規定により供託がされた場合において、債権者が2人以上であつて供託金で各債権者の債権及び執行費用の全部を弁済することができないため配当を実施すべきときは、執行裁判所は、その所在地を管轄する地方裁判所における債権執行の手続に事件を移行させなければならない。	（配当等のための移行等） **第167条の11**　第167条の14において準用する第156条第1項若しくは第2項又は第157条第5項の規定により供託がされた場合において、債権者が2人以上であつて供託金で各債権者の債権及び執行費用の全部を弁済することができないため配当を実施すべきときは、執行裁判所は、その所在地を管轄する地方裁判所における債権執行の手続に事件を移行させなければならない。
2～4　（略）	2　前項に規定する場合において、差押えに係る金銭債権について更に差押命令又は差押処分が発せられたときは、執行裁判所は、同項に規定する地方裁判所における債権執行の手続のほか、当該差押命令を発した執行裁判所又は当該差押処分をした裁判所書記官の所属する簡易裁判所の所在地を管轄する地方裁判所における債権執行の手続にも事件を移行させることができる。 3　第1項に規定する供託がされた場合において、債権者が1人であるとき、又は債権者が2人以上であつて供託金で各債権者の債権及び執行費用の全部を弁済することができるときは、裁判所書記官は、供託金の交付計算書を作成して、債権者に弁済金を交付し、剰余金を債務者に交付する。 4　前項に規定する場合において、差押えに係る金銭債権について更に差押命令が発せられたときは、執行裁判所は、同項の規定にかかわらず、その所在地を管轄する地方裁判所又は当該差押命令を発した執行裁判所における債権執行の手続に事件を移行させることができる。
5　差押えに係る金銭債権について更に差押命令が発せられた場合において、当該差押命令を発した執行裁判所が第161条第7項において準用する第109条の規定又は第166条第1項第2号	5　差押えに係る金銭債権について更に差押命令が発せられた場合において、当該差押命令を発した執行裁判所が第161条第6項において準用する第109条の規定又は第166条第1項第2号

新	旧
の規定により配当等を実施するときは、執行裁判所は、当該差押命令を発した執行裁判所における債権執行の手続に事件を移行させなければならない。	の規定により配当等を実施するときは、執行裁判所は、当該差押命令を発した執行裁判所における債権執行の手続に事件を移行させなければならない。
6　（略）	6　第1項、第2項、第4項又は前項の規定による決定に対しては、不服を申し立てることができない。
7　第84条第3項及び第4項、第88条、第91条（第1項第6号及び第7号を除く。）、第92条第1項並びに第166条第3項の規定は第3項の規定により裁判所書記官が実施する弁済金の交付の手続について、前条第3項の規定は第1項、第2項、第4項又は第5項の規定による決定について、同条第6項の規定は第1項、第2項、第4項又は第5項の規定による決定が効力を生じた場合について、それぞれ準用する。この場合において、第166条第3項中「差押命令」とあるのは、「差押処分」と読み替えるものとする。	7　第84条第3項及び第4項、第88条、第91条（第1項第6号及び第7号を除く。）並びに第92条第1項の規定は第3項の規定により裁判所書記官が実施する弁済金の交付の手続について、前条第3項の規定は第1項、第2項、第4項又は第5項の規定による決定について、同条第6項の規定は第1項、第2項、第4項又は第5項の規定による決定が効力を生じた場合について準用する。
（債権執行の規定の準用） **第167条の14**　第146条から第152条まで、第155条から第158条まで、第164条第5項及び第6項並びに第165条（第3号及び第4号を除く。）の規定は、少額訴訟債権執行について準用する。この場合において、第146条、第155条第4項から第6項まで及び第8項並びに第156条第3項中「執行裁判所」とあるのは「裁判所書記官」と、第146条第1項中「差押命令を発する」とあるのは「差押処分をする」と、第147条第1項、第148条第2項、第150条、第155条第1項、第6項及び第7項並びに第156条第1項中「差押命令」とあるのは「差押処分」と、第147条第1項及び第148条第1項中「差押えに係る債権」とあるのは「差押えに係る金銭債権」と、第149条中「差押命令が発せられたとき」とあるのは「差押処分がされたとき」と、第155条第7項中「決定」とあるのは「裁判所書記官の処分」と、第164条第5項中「差押命令の取消決定」とあるのは「差押処分の取消決定若しくは差押処分を取り消す旨の裁判所書記官の処分」と、第165条（見出しを含む。）中「配当等」とあるのは「弁済金の交付」と読み替えるものとする。	（債権執行の規定の準用） **第167条の14**　第146条から第152条まで、第155条から第158条まで、第164条第5項及び第6項並びに第165条（第3号及び第4号を除く。）の規定は、少額訴訟債権執行について準用する。この場合において、第146条、第155条第3項及び第156条第3項中「執行裁判所」とあるのは「裁判所書記官」と、第146条第1項中「差押命令を発する」とあるのは「差押処分をする」と、第147条第1項、第148条第2項、第150条及び第155条第1項中「差押命令」とあるのは「差押処分」と、第147条第1項及び第148条第1項中「差押えに係る債権」とあるのは「差押えに係る金銭債権」と、第149条中「差押命令が発せられたとき」とあるのは「差押処分がされたとき」と、第164条第5項中「差押命令の取消決定」とあるのは「差押処分の取消決定若しくは差押処分を取り消す旨の裁判所書記官の処分」と、第165条（見出しを含む。）中「配当等」とあるのは「弁済金の交付」と読み替えるものとする。
2　第167条の5第6項から第8項までの規定は、前項において読み替えて準用する第155条第6項の規定による裁判所書記官の処分がされた場合について準用する。	（新設）

新	旧
(目的物を第三者が占有する場合の引渡しの強制執行)	(目的物を第三者が占有する場合の引渡しの強制執行)
第170条 (略)	**第170条** 第三者が強制執行の目的物を占有している場合においてその物を債務者に引き渡すべき義務を負つているときは、物の引渡しの強制執行は、執行裁判所が、債務者の第三者に対する引渡請求権を差し押さえ、請求権の行使を債権者に許す旨の命令を発する方法により行う。
2 第144条、第145条(第4項を除く。)、第147条、第148条、第155条第1項及び第3項並びに第158条の規定は、前項の強制執行について準用する。	2 第144条、第145条、第147条、第148条、第155条第1項及び第2項並びに第158条の規定は、前項の強制執行について準用する。
(子の引渡しの強制執行)	
第174条 子の引渡しの強制執行は、次の各号に掲げる方法のいずれかにより行う。	(新設)
⑴ 執行裁判所が決定により執行官に子の引渡しを実施させる方法	
⑵ 第172条第1項に規定する方法	
2 前項第1号に掲げる方法による強制執行の申立ては、次の各号のいずれかに該当するときでなければすることができない。	
⑴ 第172条第1項の規定による決定が確定した日から2週間を経過したとき(当該決定において定められた債務を履行すべき一定の期間の経過がこれより後である場合にあつては、その期間を経過したとき)。	
⑵ 前項第2号に掲げる方法による強制執行を実施しても、債務者が子の監護を解く見込みがあるとは認められないとき。	
⑶ 子の急迫の危険を防止するため直ちに強制執行をする必要があるとき。	
3 執行裁判所は、第1項第1号の規定による決定をする場合には、債務者を審尋しなければならない。ただし、子に急迫した危険があるときその他の審尋をすることにより強制執行の目的を達することができない事情があるときは、この限りでない。	
4 執行裁判所は、第1項第1号の規定による決定において、執行官に対し、債務者による子の監護を解くために必要な行為をすべきことを命じなければならない。	
5 第171条第2項の規定は第1項第1号の執行裁判所について、同条第4項の規定は同号の規定による決定をする場合について、それぞれ準用する。	

新	旧
6　第2項の強制執行の申立て又は前項において準用する第171条第4項の申立てについての裁判に対しては、執行抗告をすることができる。	
（執行官の権限等）	
第175条　執行官は、債務者による子の監護を解くために必要な行為として、債務者に対し説得を行うほか、債務者の住居その他債務者の占有する場所において、次に掲げる行為をすることができる。 ⑴　その場所に立ち入り、子を捜索すること。この場合において、必要があるときは、閉鎖した戸を開くため必要な処分をすること。 ⑵　債権者若しくはその代理人と子を面会させ、又は債権者若しくはその代理人と債務者を面会させること。 ⑶　その場所に債権者又はその代理人を立ち入らせること。 2　執行官は、子の心身に及ぼす影響、当該場所及びその周囲の状況その他の事情を考慮して相当と認めるときは、前項に規定する場所以外の場所においても、債務者による子の監護を解くために必要な行為として、当該場所の占有者の同意を得て又は次項の規定による許可を受けて、前項各号に掲げる行為をすることができる。 3　執行裁判所は、子の住居が第1項に規定する場所以外の場所である場合において、債務者と当該場所の占有者との関係、当該占有者の私生活又は業務に与える影響その他の事情を考慮して相当と認めるときは、債権者の申立てにより、当該占有者の同意に代わる許可をすることができる。 4　執行官は、前項の規定による許可を受けて第1項各号に掲げる行為をするときは、職務の執行に当たり、当該許可を受けたことを証する文書を提示しなければならない。 5　第1項又は第2項の規定による債務者による子の監護を解くために必要な行為は、債権者が第1項又は第2項に規定する場所に出頭した場合に限り、することができる。 6　執行裁判所は、債権者が第1項又は第2項に規定する場所に出頭することができない場合であつても、その代理人が債権者に代わつて当該場所に出頭することが、当該代理人と子との関係、当該代理人の知識及び経験その他の事情に照らして子の利益の保護のために相当と認めるときは、前項の規定にかかわらず、債権者の申	（新設）

新	旧
立てにより、当該代理人が当該場所に出頭した場合においても、第1項又は第2項の規定による債務者による子の監護を解くために必要な行為をすることができる旨の決定をすることができる。 7　執行裁判所は、いつでも前項の決定を取り消すことができる。 8　執行官は、第6条第1項の規定にかかわらず、子に対して威力を用いることはできない。子以外の者に対して威力を用いることが子の心身に有害な影響を及ぼすおそれがある場合においては、当該子以外の者についても、同様とする。 9　執行官は、第1項又は第2項の規定による債務者による子の監護を解くために必要な行為をするに際し、債権者又はその代理人に対し、必要な指示をすることができる。	
（執行裁判所及び執行官の責務） **第176条**　執行裁判所及び執行官は、第174条第1項第1号に掲げる方法による子の引渡しの強制執行の手続において子の引渡しを実現するに当たつては、子の年齢及び発達の程度その他の事情を踏まえ、できる限り、当該強制執行が子の心身に有害な影響を及ぼさないように配慮しなければならない。	（新設）
（意思表示の擬制） **第177条**　（略）	（意思表示の擬制） **第174条**　意思表示をすべきことを債務者に命ずる判決その他の裁判が確定し、又は和解、認諾、調停若しくは労働審判に係る債務名義が成立したときは、債務者は、その確定又は成立の時に意思表示をしたものとみなす。ただし、債務者の意思表示が、債権者の証明すべき事実の到来に係るときは第27条第1項の規定により執行文が付与された時に、反対給付との引換え又は債務の履行その他の債務者の証明すべき事実のないことに係るときは次項又は第3項の規定により執行文が付与された時に意思表示をしたものとみなす。
第178条及び**第179条**　削除	**第175条**から**第179条**まで　削除
第4章　債務者の財産状況の調査	第4章　財産開示手続
第1節　財産開示手続	（新設）
（管轄） **第196条**　この節の規定による債務者の財産の開示に関する手続（以下「財産開示手続」という。）については、債務者の普通裁判籍の所在地を管轄する地方裁判所が、執行裁判所として管轄する。	（管轄） **第196条**　この章の規定による債務者の財産の開示に関する手続（以下「財産開示手続」という。）については、債務者の普通裁判籍の所在地を管轄する地方裁判所が、執行裁判所として管轄する。

新	旧
（実施決定）	（実施決定）
第197条　執行裁判所は、次の各号のいずれかに該当するときは、執行力のある債務名義の正本を有する金銭債権の債権者の申立てにより、債務者について、財産開示手続を実施する旨の決定をしなければならない。ただし、当該執行力のある債務名義の正本に基づく強制執行を開始することができないときは、この限りでない。	**第197条**　執行裁判所は、次のいずれかに該当するときは、執行力のある債務名義の正本（債務名義が第22条第2号、第3号の2から第4号まで若しくは第5号に掲げるもの又は確定判決と同一の効力を有する支払督促であるものを除く。）を有する金銭債権の債権者の申立てにより、債務者について、財産開示手続を実施する旨の決定をしなければならない。ただし、当該執行力のある債務名義の正本に基づく強制執行を開始することができないときは、この限りでない。
(1)・(2)　（略）	(1)　強制執行又は担保権の実行における配当等の手続（申立ての日より6月以上前に終了したものを除く。）において、申立人が当該金銭債権の完全な弁済を得ることができなかつたとき。 (2)　知れている財産に対する強制執行を実施しても、申立人が当該金銭債権の完全な弁済を得られないことの疎明があつたとき。
2　執行裁判所は、次の各号のいずれかに該当するときは、債務者の財産について一般の先取特権を有することを証する文書を提出した債権者の申立てにより、当該債務者について、財産開示手続を実施する旨の決定をしなければならない。	2　執行裁判所は、次のいずれかに該当するときは、債務者の財産について一般の先取特権を有することを証する文書を提出した債権者の申立てにより、当該債務者について、財産開示手続を実施する旨の決定をしなければならない。
(1)・(2)　（略）	(1)　強制執行又は担保権の実行における配当等の手続（申立ての日より6月以上前に終了したものを除く。）において、申立人が当該先取特権の被担保債権の完全な弁済を得ることができなかつたとき。 (2)　知れている財産に対する担保権の実行を実施しても、申立人が前号の被担保債権の完全な弁済を得られないことの疎明があつたとき。
3　前2項の規定にかかわらず、債務者（債務者に法定代理人がある場合にあつては当該法定代理人、債務者が法人である場合にあつてはその代表者。第1号において同じ。）が前2項の申立ての日前3年以内に財産開示期日（財産を開示すべき期日をいう。以下同じ。）においてその財産について陳述をしたものであるときは、財産開示手続を実施する旨の決定をすることができない。ただし、次の各号に掲げる事由のいずれかがある場合は、この限りでない。	3　前2項の規定にかかわらず、債務者（債務者に法定代理人がある場合にあつては当該法定代理人、債務者が法人である場合にあつてはその代表者。第1号において同じ。）が前2項の申立ての日前3年以内に財産開示期日（財産を開示すべき期日をいう。以下同じ。）においてその財産について陳述をしたものであるときは、財産開示手続を実施する旨の決定をすることができない。ただし、次に掲げる事由のいずれかがある場合は、この限りでない。
(1)～(3)　（略）	(1)　債務者が当該財産開示期日において一部の財産を開示しなかつたとき。

新	旧
	⑵　債務者が当該財産開示期日の後に新たに財産を取得したとき。 ⑶　当該財産開示期日の後に債務者と使用者との雇用関係が終了したとき。
4　第1項又は第2項の決定がされたときは、当該決定（同項の決定にあつては、当該決定及び同項の文書の写し）を債務者に送達しなければならない。	4　第1項又は第2項の決定がされたときは、当該決定（第2項の決定にあつては、当該決定及び同項の文書の写し）を債務者に送達しなければならない。
5・6　（略）	5　第1項又は第2項の申立てについての裁判に対しては、執行抗告をすることができる。 6　第1項又は第2項の決定は、確定しなければその効力を生じない。
（財産開示事件の記録の閲覧等の制限） **第201条**　財産開示事件の記録中財産開示期日に関する部分についての第17条の規定による請求は、次に掲げる者に限り、することができる。	（財産開示事件の記録の閲覧等の制限） **第201条**　財産開示事件の記録中財産開示期日に関する部分についての第17条の規定による請求は、次に掲げる者に限り、することができる。
⑴　（略）	⑴　申立人
⑵　債務者に対する金銭債権について執行力のある債務名義の正本を有する債権者	⑵　債務者に対する金銭債権について執行力のある債務名義の正本（債務名義が第22条第2号、第3号の2から第4号まで若しくは第5号に掲げるもの又は確定判決と同一の効力を有する支払督促であるものを除く。）を有する債権者
⑶・⑷　（略）	⑶　債務者の財産について一般の先取特権を有することを証する文書を提出した債権者 ⑷　債務者又は開示義務者
第2節　第三者からの情報取得手続 （管轄） **第204条**　この節の規定による債務者の財産に係る情報の取得に関する手続（以下「第三者からの情報取得手続」という。）については、債務者の普通裁判籍の所在地を管轄する地方裁判所が、この普通裁判籍がないときはこの節の規定により情報の提供を命じられるべき者の所在地を管轄する地方裁判所が、執行裁判所として管轄する。	（新設）
（債務者の不動産に係る情報の取得） **第205条**　執行裁判所は、次の各号のいずれかに該当するときは、それぞれ当該各号に定める者の申立てにより、法務省令で定める登記所に対し、債務者が所有権の登記名義人である土地又は建物その他これらに準ずるものとして法務省令で定めるものに対する強制執行又は担保権の実行の申立てをするのに必要となる事項として最高裁判所規則で定めるものについて情報の提供をすべき旨を命じなければならない。ただし、第1号に掲げる場合において、同号に規定する執行	（新設）

新	旧
力のある債務名義の正本に基づく強制執行を開始することができないときは、この限りでない。 ⑴　第197条第1項各号のいずれかに該当する場合　執行力のある債務名義の正本を有する金銭債権の債権者 ⑵　第197条第2項各号のいずれかに該当する場合　債務者の財産について一般の先取特権を有することを証する文書を提出した債権者 2　前項の申立ては、財産開示期日における手続が実施された場合（当該財産開示期日に係る財産開示手続において第200条第1項の許可がされたときを除く。）において、当該財産開示期日から3年以内に限り、することができる。 3　第1項の申立てを認容する決定がされたときは、当該決定（同項第2号に掲げる場合にあつては、当該決定及び同号に規定する文書の写し）を債務者に送達しなければならない。 4　第1項の申立てについての裁判に対しては、執行抗告をすることができる。 5　第1項の申立てを認容する決定は、確定しなければその効力を生じない。	
（債務者の給与債権に係る情報の取得） **第206条**　執行裁判所は、第197条第1項各号のいずれかに該当するときは、第151条の2第1項各号に掲げる義務に係る請求権又は人の生命若しくは身体の侵害による損害賠償請求権について執行力のある債務名義の正本を有する債権者の申立てにより、次の各号に掲げる者であつて最高裁判所規則で定めるところにより当該債権者が選択したものに対し、それぞれ当該各号に定める事項について情報の提供をすべき旨を命じなければならない。ただし、当該執行力のある債務名義の正本に基づく強制執行を開始することができないときは、この限りでない。 ⑴　市町村（特別区を含む。以下この号において同じ。）　債務者が支払を受ける地方税法（昭和25年法律第226号）第317条の2第1項ただし書に規定する給与に係る債権に対する強制執行又は担保権の実行の申立てをするのに必要となる事項として最高裁判所規則で定めるもの（当該市町村が債務者の市町村民税（特別区民税を含む。）に係る事務に関して	（新設）

新	旧
知り得たものに限る。） (2) 日本年金機構、国家公務員共済組合、国家公務員共済組合連合会、地方公務員共済組合、全国市町村職員共済組合連合会又は日本私立学校振興・共済事業団　債務者（厚生年金保険の被保険者であるものに限る。以下この号において同じ。）が支払を受ける厚生年金保険法（昭和29年法律第115号）第3条第1項第3号に規定する報酬又は同項第四号に規定する賞与に係る債権に対する強制執行又は担保権の実行の申立てをするのに必要となる事項として最高裁判所規則で定めるもの（情報の提供を命じられた者が債務者の厚生年金保険に係る事務に関して知り得たものに限る。） 2　前条第2項から第5項までの規定は、前項の申立て及び当該申立てについての裁判について準用する。	
（債務者の預貯金債権等に係る情報の取得） **第207条**　執行裁判所は、第197条第1項各号のいずれかに該当するときは、執行力のある債務名義の正本を有する金銭債権の債権者の申立てにより、次の各号に掲げる者であつて最高裁判所規則で定めるところにより当該債権者が選択したものに対し、それぞれ当該各号に定める事項について情報の提供をすべき旨を命じなければならない。ただし、当該執行力のある債務名義の正本に基づく強制執行を開始することができないときは、この限りでない。 (1) 銀行等（銀行、信用金庫、信用金庫連合会、労働金庫、労働金庫連合会、信用協同組合、信用協同組合連合会、農業協同組合、農業協同組合連合会、漁業協同組合、漁業協同組合連合会、水産加工業協同組合、水産加工業協同組合連合会、農林中央金庫、株式会社商工組合中央金　債務者の当該銀行等に対する預貯金債権（民法第466条の5第1項に規定する預貯金債権をいう。）に対する強制執行又は担保権の実行の申立てをするのに必要となる事項として最高裁判所規則で定めるもの	（新設）

新	旧
庫又は独立行政法人郵便貯金簡易生命保険管理・郵便局ネットワーク支援機構をいう。以下この号において同じ。） ⑵　振替機関等（社債、株式等の振替に関する法律第2条第5項に規定する振替機関等をいう。以下この号において同じ。）　債務者の有する振替社債等（同法第279条に規定する振替社債等であつて、当該振替機関等の備える振替口座簿における債務者の口座に記載され、又は記録されたものに限る。）に関する強制執行又は担保権の実行の申立てをするのに必要となる事項として最高裁判所規則で定めるもの 2　執行裁判所は、第197条第2項各号のいずれかに該当するときは、債務者の財産について一般の先取特権を有することを証する文書を提出した債権者の申立てにより、前項各号に掲げる者であつて最高裁判所規則で定めるところにより当該債権者が選択したものに対し、それぞれ当該各号に定める事項について情報の提供をすべき旨を命じなければならない。 3　前2項の申立てを却下する裁判に対しては、執行抗告をすることができる。	
（情報の提供の方法等） **第208条**　第205条第1項、第206条第1項又は前条第1項若しくは第2項の申立てを認容する決定により命じられた情報の提供は、執行裁判所に対し、書面でしなければならない。 2　前項の情報の提供がされたときは、執行裁判所は、最高裁判所規則で定めるところにより、申立人に同項の書面の写しを送付し、かつ、債務者に対し、同項に規定する決定に基づいてその財産に関する情報の提供がされた旨を通知しなければならない。	（新設）
（第三者からの情報取得手続に係る事件の記録の閲覧等の制限） **第209条**　第205条又は第207条の規定による第三者からの情報取得手続に係る事件の記録中前条第1項の情報の提供に関する部分についての第17条の規定による請求は、次に掲げる者に限り、することができる。	（新設）

新	旧
⑴　申立人 ⑵　債務者に対する金銭債権について執行力のある債務名義の正本を有する債権者 ⑶　債務者の財産について一般の先取特権を有することを証する文書を提出した債権者 ⑷　債務者 ⑸　当該情報の提供をした者 2　第206条の規定による第三者からの情報取得手続に係る事件の記録中前条第1項の情報の提供に関する部分についての第17条の規定による請求は、次に掲げる者に限り、することができる。 ⑴　申立人 ⑵　債務者に対する第151条の2第1項各号に掲げる義務に係る請求権又は人の生命若しくは身体の侵害による損害賠償請求権について執行力のある債務名義の正本を有する債権者 ⑶　債務者 ⑷　当該情報の提供をした者	
（第三者からの情報取得手続に係る事件に関する情報の目的外利用の制限） **第210条**　申立人は、第三者からの情報取得手続において得られた債務者の財産に関する情報を、当該債務者に対する債権をその本旨に従つて行使する目的以外の目的のために利用し、又は提供してはならない。 2　前条第1項第2号若しくは第3号又は第2項第2号に掲げる者であつて、第三者からの情報取得手続に係る事件の記録中の第208条第1項の情報の提供に関する部分の情報を得たものは、当該情報を当該事件の債務者に対する債権をその本旨に従つて行使する目的以外の目的のために利用し、又は提供してはならない。	（新設）
（強制執行及び担保権の実行の規定の準用） **第211条**　第39条及び第40条の規定は執行力のある債務名義の正本に基づく第三者からの情報取得手続について、第42条（第2項を除く。）の規定は第三者からの情報取得手続について、第182条及び第183条の規定は一般の先取特権に基づく第三者からの情報取得手続について、それぞれ準用する。	（新設）
（公示書等損壊罪） **第212条**　（略）	（公示書等損壊罪） **第204条**　次の各号のいずれかに該当する者は、1年以下の懲役又は100万円以下の罰金に処する。 ⑴　第55条第1項（第1号に係る部分に限る。）、第68条の2第1項若しくは第77条第1項（第1号に係る部分に限る。）（これらの規定を第121

新	旧
	条（第189条（第195条の規定によりその例によることとされる場合を含む。）において準用する場合を含む。）及び第188条（第195条の規定によりその例によることとされる場合を含む。）において準用する場合を含む。）又は第187条第1項（第195条の規定によりその例によることとされる場合を含む。）の規定による命令に基づき執行官が公示するために施した公示書その他の標識（刑法第96条に規定する封印及び差押えの表示を除く。）を損壊した者 ⑵　第168条の2第3項又は第4項の規定により執行官が公示するために施した公示書その他の標識を損壊した者
（陳述等拒絶の罪）	（陳述等拒絶の罪）
第213条　次の各号のいずれかに該当する者は、6月以下の懲役又は50万円以下の罰金に処する。	**第205条**　次の各号のいずれかに該当する者は、6月以下の懲役又は50万円以下の罰金に処する。
⑴・⑵　（略）	⑴　売却基準価額の決定に関し、執行裁判所の呼出しを受けた審尋の期日において、正当な理由なく、出頭せず、若しくは陳述を拒み、又は虚偽の陳述をした者 ⑵　第57条第2項（第121条（第189条（第195条の規定によりその例によることとされる場合を含む。）において準用する場合を含む。）及び第188条（第195条の規定によりその例によることとされる場合を含む。）において準用する場合を含む。）の規定による執行官の質問又は文書の提出の要求に対し、正当な理由なく、陳述をせず、若しくは文書の提示を拒み、又は虚偽の陳述をし、若しくは虚偽の記載をした文書を提示した者
⑶　第65条の2（第188条（第195条の規定によりその例によることとされる場合を含む。）において準用する場合を含む。）の規定により陳述すべき事項について虚偽の陳述をした者	（新設）
⑷　（略）	⑷　第168条第2項の規定による執行官の質問又は文書の提出の要求に対し、正当な理由なく、陳述をせず、若しくは文書の提示を拒み、又は虚偽の陳述をし、若しくは虚偽の記載をした文書を提示した債務者又は同項に規定する不動産等を占有する第三者
⑸　執行裁判所の呼出しを受けた財産開示期日において、正当な理由なく、出頭せず、又は宣誓を拒んだ開示義務者	（新設）
⑹　第199条第7項において準用する民事訴訟法第201条第1項の規定により財産開示期日	（新設）

新	旧
において宣誓した開示義務者であつて、正当な理由なく第199条第1項から第4項までの規定により陳述すべき事項について陳述をせず、又は虚偽の陳述をしたもの	
2 （略）	2 不動産（登記することができない土地の定着物を除く。以下この項において同じ。）の占有者であつて、その占有の権原を差押債権者、仮差押債権者又は第59条第1項（第188条（第195条の規定によりその例によることとされる場合を含む。）において準用する場合を含む。）の規定により消滅する権利を有する者に対抗することができないものが、正当な理由なく、第64条の2第5項（第188条（第195条の規定によりその例によることとされる場合を含む。）において準用する場合を含む。）の規定による不動産の立入りを拒み、又は妨げたときは、30万円以下の罰金に処する。
（過料に処すべき場合）	（過料に処すべき場合）
第214条 （削る）	**第206条** 次の各号に掲げる場合には、30万円以下の過料に処する。 ⑴ 開示義務者が、正当な理由なく、執行裁判所の呼出しを受けた財産開示期日に出頭せず、又は当該財産開示期日において宣誓を拒んだとき。 ⑵ 財産開示期日において宣誓した開示義務者が、正当な理由なく第199条第1項から第4項までの規定により陳述すべき事項について陳述をせず、又は虚偽の陳述をしたとき。
第202条の規定に違反して、同条の情報を同条に規定する目的以外の目的のために利用し、又は提供した者は、30万円以下の過料に処する。	2 第202条の規定に違反して、同条の情報を同条に規定する目的以外の目的のために利用し、又は提供した者は、30万円以下の過料に処する。
2 第210条の規定に違反して、同条の情報を同条に規定する目的以外の目的のために利用し、又は提供した者も、前項と同様とする。	（新設）
（管轄）	（管轄等）
第215条 （略）	**第207条** 前条に規定する過料の事件は、執行裁判所の管轄とする。

Q&A 改正民事執行法の実務
—弁護士が知っておくべき改正のポイント—

令和2年2月15日　第1刷発行
令和4年5月25日　第5刷発行

編　集　東京弁護士会法友会

発　行　株式会社 ぎょうせい

〒136-8575　東京都江東区新木場1-18-11
電話　編集　03-6892-6508
　　　営業　03-6892-6666
フリーコール　0120-953-431

〈検印省略〉　URL:https://gyosei.jp

印刷　ぎょうせいデジタル㈱

※乱丁・落丁本はお取り替えいたします。

ISBN978-4-324-10758-4
(5108573-00-000)
〔略号：QA改正執行法〕